L'EMPEREUR

NAPOLÉON III

DEVANT L'UNIVERS

PARIS, IMPRIMERIE DE CH. JOUAST, RUE SAINT-HONORÉ, 338.

L'EMPEREUR

NAPOLÉON III

DEVANT L'UNIVERS

Par P. L'OISEL

Auteur d'*Aigle et Poulet*, appendice à l'histoire de mon temps.
(Novembre 1859.)

« Le laurier ne change qu'en mourant. »
« Der lorbeer bleibt grün bis darr er stirbt. »

Prix : 1 fr.

PARIS

COMPTOIR DE LA LIBRAIRIE DE PROVINCE

50, RUE JACOB, 50

ET CHEZ TOUS LES LIBRAIRES DE LA FRANCE ET DE L'ÉTRANGER

1860

PRÉFACE

***

Réponse de S. Exc. le Maréchal Ministre de la Guerre à un placet de l'Auteur.

***

MISTÈRE DE LA GUERRE.

IRECTION DU PERSONNEL

eau de la correspondance énérale et des opérations ilitaires.

Accusé de réception d'une brochure et refus d'engagement.

Paris, le 13 mai 1859.

J'ai reçu, Monsieur, la lettre que vous m'avez écrite le 7 mai courant, et par laquelle vous demandez à entrer dans les rangs de l'armée française, et vous m'envoyez en même temps une brochure intitulée : *De la Décadence de la Littérature et de sa Restauration.*

Je vous remercie de cet envoi.

Quant à la demande que vous me faites de prendre du service, je ne puis y satisfaire, la loi du 21 mars 1832 sur le recrutement de l'armée n'autorisant pas les engagements volontaires après trente ans révolus (A). Je me plais d'ailleurs à vous féliciter des sentiments patriotiques que vous manifestez.

Recevez, Monsieur, l'assurance de ma parfaite considération.

Le Maréchal de France,
Ministre Secrétaire-d'État de la Guerre.

Pour le Ministre et par son ordre :

Le Général de division, Directeur,
Signé : .... BLONDEL...?

M. L'Oisel, licencié ès lettres, à Lille.

(A) *Note de l'Éditeur :* L'Auteur atteint la.... soixantaine.

L'EMPEREUR

NAPOLÉON III

DEVANT L'UNIVERS

« Le laurier ne change qu'en mourant. »
« Der lorbeer bleibt grün bis barr er stirbt. »

----~•~----

Un homme s'est rencontré dont le nom indiquera de siècle en siècle les sommets fabuleux du génie, de la gloire, de la vertu.

Illustre par sa naissance, grand par ses discours et ses écrits, plus grand par ses actions, immortel par la longue série de ses bienfaits publics, il a été éprouvé par ces extrémités des choses humaines qui s'appellent la félicité et la misère : il s'est épuré dans l'ombre et le silence, avec la divination que le monde, à son heure, se tairait devant lui.

Longtemps victime des révolutions, il en est devenu le maître.

Précipité dans des abîmes d'amertume de toute la hauteur des splendeurs de sa race, exilé tant que durèrent la servitude étrangère sous le nom des Bourbons ou la tyrannie des clubs sous le nom de liberté, rappelé comme Sauveur, il a été reconnu et établi comme Souverain, après avoir — dans des appareils bien divers — parcouru l'Europe et les mers étonnées.

Esprit ferme, résolu, prêt à tout, naturellement impétueux pour le bien, capable d'envisager philosophiquement le va-et-vient des événements sous la face la plus contraire, il en a su tirer parti avec une prévoyance douée ; il n'a jamais gâté par la passion les affaires estimées les plus stimulantes même pour le caractère le plus complet ; son apathie suprême l'a rendu plus fort que Mithridate contre les poisons capiteux.

Aussi a-t-il paru souvent éclairé par une lumière surnaturelle qui lui dévoilait l'avenir tout entier ; mais dans ces aimantes superstitions il faut voir simplement des victoires telles qu'en gagne une intelligence pénétrante, nette, grave, sérieuse, qui entraîne la fortune dans ses desseins et force les destinées : « *Ut ordinem præsentis sæculi adornet.* »

Aux qualités que nous venons de mentionner succinctement ajoutez un cœur qui ne les prostitua jamais, un cœur qui n'a mérité qu'un reproche — celui que Pline adressait à César sur l'excès de sa clémence — et vous saluerez de loin, avec vénération, la plus digne individualité de notre temps, trop vraie pour s'abaisser à capter par des amorces décevantes les suffrages du vulgaire, trop généreuse pour refuser au repentir un refuge dans sa bonté ou une sûreté dans sa parole, trop sainte pour n'accepter pas sans quelque frémissement pudique les embrassements de la renommée la plus légitime. Vous comprendrez déjà comment est entré dans les « puissances » de David cet homme conseillé par la sagesse, animé par la valeur, accompagné par la justice, que nous avons vu repousser d'une vaillante main tant de périls, épouvanter tour à tour les ennemis du pays sur le champ de bataille, des régicides dans leurs sapes éventées, la mort elle-même aux portes de l'Opéra, enfin montrer à la rébellion que les temps sont marqués où il n'est plus permis à une implacable malignité de troubler les instincts conservateurs de l'autorité et la Majesté souveraine.

Cet homme, c'est... Louis-Napoléon Bonaparte..., —, non pas tel que le dépeignaient dans leur fureur des bandits qui crient encore : « Malheur aux vainqueurs! » — non pas tel que l'auraient voulu les Oligarques pour *soliveau transitoire*, — non pas le *Torquemada* de M. Pyat ou le *Monstre* de M. V. Hugo ; — mais notre Élu, tel que nous l'avions désiré, tel que huit millions de patriotes l'ont voulu pour continuateur du plus grand règne :

> « Sensêre quid mens ritè, quid indoles
> Nutrita faustis sub penetralibus
> Posset ; quid Augusti paternus
> In pueros animus Nerones » ;

mais ce soleil dont nous avions entrevu la beauté à travers les brumes de l'aurore présidentielle ; mais Napoléon III marquant, dès son avénement au trône, chaque jour par une plus grande chose, transformant tout ce qu'il touche dans son audace ou dans sa pitié, éblouissant par d'incessants prodiges, commandant au temps et à l'espace comme aux populations qu'il entraîne, faisant trouver l'antique palais de César trop petit pour la taille d'un restaurateur des lettres, des arts, des mœurs, des lois, de la politique de la France, — pour un prince à qui Dieu met tant de bonté dans les yeux et prodigue tant de dons que, montré dans tout son éclat comme l'un des astres qui brillent le plus dans le firmament, il arrache aux deux mondes ce cri d'admiration : « Voilà le digne Souverain du Peuple-Roi ! »

Nous pouvons l'avouer ici, en témoin attendri de cette bienfaisante splendeur, c'est là l'éternel entretien de notre contrée et la raison justifiée de notre civique orgueil, à nous qui, même avant les voyages triomphaux de Napo-

léon III peuplant nos provinces de monuments, procla-
mions que personne ne prouve mieux que l'Empereur à
quel point le culte du bien donne de la vigueur à l'âme...,
à nous qui, dès l'époque de la visite impériale à Lille,
avions entendu des idolâtres hesternes de la démagogie
remarquer que — à voir la sérénité qui reluit sur son
front auguste — ils se sentaient soudain pénétrés d'amour
et de respect pour Sa Majesté; à nous qui, longtemps
l'hôte de l'héroïque Bretagne, avons plus récemment ap-
plaudi à l'expression naïve de la tendre sollicitude d'hommes énergiques de cette contrée : « Madame l'Impératrice,
« comment va votre enfant, notre jeune Prince Impé-
« rial?... » Aussi, jugeant, d'après le public enthousiasme
et notre propre cœur, des mouvements intimes des plus
illustres complices de tant de merveilles, nous sommes-
nous plus d'une fois demandé : « Quel est donc le bonheur
« des personnages qui entendent quelquefois Napoléon III,
« qui, après en avoir lu, médité, commenté les écrits, en
« apprécient maintenant les règles de conduite, et vivent
« dans une continuelle émotion à la vue ou au récit des
« occupations d'une existence aussi pleine et si pré-
« cieuse ! » Et, non sans leur porter envie, nous nous di-
sions : « Que feront-ils ? » Puis l'histoire de grands siècles
rappelait à notre conscience la mission des satellites de
chaque géant de renommée d'une époque quelconque, et
nous nous répondions : « Les hommes préparés dans les
« conseils de la Providence au choix de notre Souverain
« l'aideront à renouer la chaîne des temps, à renouveler
« la face de la France. » Présentement, regardez-les à
l'œuvre. Comme ils s'appliquent à ce que des faits remarquables soient exposés en une langue certaine et peu
changeante ! Sous un prince sujet de leurs discours,
comme ils font sentir les beautés, aimer les douceurs, res-
sortir les mérites divers des « *idées napoléoniennes !* » Comme

ils attestent devant ce siècle qu'il n'est rien que ne puisse accomplir un héros à l'âme vraiment chevaleresque, dont l'intelligence, nourrie d'une lecture quasi-infinie, semble embrasser l'histoire moderne et l'antiquité, la philosophie du droit et les sciences exactes, la spéculation et la pratique, la diplomatie, la guerre, la paix! Comme ils expliquent à un auditoire enchanté à quel degré inimaginable la conversation de l'Empereur, toujours étincelante, s'étend aux entreprises les plus diverses, à tous les intérêts, aux découvertes des savants et des voyageurs, aux inventions et perfectionnements de l'industrie universelle, laissant ses juges les plus excellents dans la stupeur comme fascinés par l'air lumineux du génie, comme plus convaincus, chaque jour, des nouveaux avantages d'un Souverain qui, persuadé qu'il n'a jamais fait assez pour la prospérité de ses peuples, laisse volontiers pénétrer la vigueur de ses conseils et la générosité de ses inclinations par des fonctionnaires sourds aux lâches alarmes, dont la plume, la voix et l'exemple inspirent et encouragent ces efforts quasi-surhumains, garants d'une perfection digne des respects de la postérité !

Eh ! que l'on n'aille point croire que la mission sus-définie reste une œuvre... *ingrate:* «Les hommes de génie (a dit fort judicieusement M. Merlet) (1) « ne meurent « jamais insolvables. » Les vulgarisateurs chaleureux du Système-Napoléonien seront récompensés de leur concours, d'abord par la faveur de son auteur, peu oublieux, et subsidiairement par leur absorption immortelle dans l'orbite de sa gloire. Enfin, pour tout dire, quelle joie délicieuse pour des Français d'être accourus les premiers au-devant d'un Législateur donnant facilement aux modérés de chaque parti ce qu'ils demandent et ce que la

____

(1) *Revue européenne.*

plupart de nos « derniers des Romains » souhaitent : — l'ordre, la victoire, la paix ;

D'asseoir fermement l'organisation d'un gouvernement honoré et réparateur ;

De comprendre et d'analyser l'art sublime et touchant d'un Titus ami sincère de l'humanité, se dévouant au salut de tout ce qui souffre, peuples et individus ;

D'apprendre beaucoup dans l'entourage extraordinairement actif d'un mortel né, pour ainsi dire, avec toutes les grâces et la plus vaste expérience ;

De se sentir grandir en aptitude à soutenir la cause de la Dynastie en défendant les principes de la raison et du droit social dans les circonstances les plus belles pour une vertueuse habileté ;

D'apprécier un Souverain qui peut ignorer bien des choses, mais devinant intuitivement celles qu'il ne sait pas, connaissant les hommes, même les mauvais, montrant une opinion faite ou une opinion rapidement formée sur toutes les questions soit du Gouvernement, soit du personnel de l'administration et de l'armée, enfin réglant chaque affaire d'une façon décise !

Et, alors que le prestige... sans nom... de cet esprit fin et conciliant par excellence ne s'exerce pas seulement sur les premiers et plus éminents dépositaires de sa confiance, si ce prestige n'est arrêté devant aucune prévention ni dans le monde financier ni dans la sphère de la diplomatie, si ce prestige tient à un régime uniquement fondé sur la vérité même des faits, sur la haine du désordre, sur la modération, sur le devoir,... si, sensée et forte, l'autorité recueille et départit à tous les sujets les bénéfices de la paix, de la situation géographique du pays, de l'élégance des mœurs prêchée d'exemple, de la facilité croissante des choix excellents d'agents imprégnés de sa prudence et de sa dignité, quel magistrat admis à la fortunée constatation des impressions générales produites dans l'univers par la plus soudaine fulguration d'un administrateur consommé, d'un politique profond, d'un général inspiré, ne se rappelle cette expression d'orgueilleuse tendresse du panégyriste d'Agricola : « *Quidquid amavimus, quidquid mirati sumus, manet, mansurumque est in æternitate temporum, fama rerum.* » Disons plus : en voyant la France gouvernée, quiète, sage, humaine, victorieuse, modérée, quel citoyen ne reconnaît à la tête des Grands-Corps de l'État les hommes qui, selon Montesquieu, « ne manquent jamais aux circonstances, » ou, dans l'ensemble de tant de choses si étonnantes, l'action de l'Homme-Peuple que Dieu procure toujours opportunément à une œuvre éminente ? Le monde n'est pas déraisonnable depuis hier : cette faveur providentielle qui devient à la fois le sacre de la Maison Bonaparte et un bienfait infini pour la Grande-Nation est partout sentie par le bon sens du dernier-né du Ciel ; mais ce sentiment universel a-t-il sur le globe entier les mêmes résultats ? Point ne le pensons : qu'il nous soit permis d'expliquer *pourquoi*, en nous dépouillant, pour ainsi dire, de notre opinion personnelle sur l'attitude de chaque puissance devant la France, afin de traduire plus fidèlement la situation de Napoléon III devant l'univers, telle que le peuple français l'apprécie.

Formée de l'agrégation rapide et violente de quarante peuplades fort diverses de mœurs, de lois, d'origine, de langage, d'antipathie ou d'inclination pour une fusion homogène, la population de Russie se compose de 58,000,000 d'habitants très inégalement répartis sur une étendue d'environ 6,000,000 kilomètres carrés. Dans cette agglomération d'individus, échantillons les plus contraires du développement ou de l'abrutissement de l'entendement

humain, les uns — en très petit nombre — exagèrent les
goûts d'une civilisation avancée jusqu'aux recherches les
plus raffinées, y compris celles du vice, et passent (sans
être politiquement plus libres que leur plus vil esclave)
pour les représentants de la nationalité russe : ce sont les
Boyards, les propriétaires du sol, sous le bon plaisir du
Tzar, à qui tout appartient chez lui, dans ses vastes do-
maines. Braves, spirituels, instruits, gracieux de ma-
nières, capables des plus grandes vertus, ils doivent
celles-ci au culte de la famille, à la religion de l'honneur; leurs imperfections sont presque toutes des importations allemandes ou de ces accidents de la servitude que
Tacite appelait des « crimes de la domination ». L'exploitation excessive du fonds et du mobilier humain de leurs
terres fournit à l'alimentation de leur luxe et de leurs
prodigalités les rêves dorés des dames... du corps des
ballets de notre grand Opéra. Cette aristocratie, militaire
avant tout, est tenue de servir l'Etat, soit l'autocrate de
toutes les Russies, qui, comme Marcien, peut dire à la plupart des grands officiers de sa couronne : « *Vous tous que
j'ai tirés de la poussière...* » Nous aurions mauvaise grâce à
trop déprécier cette arbitraire suprématie · elle a donné à
Louis XIV un cortége sans lequel la devise du Soleil de
Versailles se réduirait à deux mots : « *Pluribus impar.* »
Avec les priviléges nombreux de notre ancienne noblesse
dépravée depuis Richelieu-Robe-Rouge, les Boyards ont,
dans les salons, une politesse galante jusqu'à la poésie —
sur les champs de bataille, un courage tenace incontesté
— à la Cour, un servilisme calculateur, une rouerie grec-
que, une propension héréditaire au mendiage. Moins dés-
honorés que l'administration laissée sous la mainmise
d'effrénés voleurs, ils ont profité, longtemps et sans me-
sure, du manque absolu d'unité dans la direction des affaires publiques abandonnée aux tiraillements de quel-

ques familles de grands-seigneurs pour qui la nation c'est
le palais où ceux des monarques russes qu'une maladie
mystérieuse n'a pas tués en voyage meurent ordinairement
de mort violente. Après les Boyards, qui ont bien aussi
des hommes de génie venus dans ce monde étrange,
comme nos plus belles fleurs sur le fumier, apparaissent
quelques rares illustrations de la science, des lettres, des
arts, fruits extraordinaires d'un climat contraire à leur
maturité; puis se montre, tantôt sordide, tantôt pimpante
dans ses riches comptoirs, moins dangereuse et plus dé-
vouée au Tzar personnification de la patrie sur les bords
de la Néwa, zélée en sa simplicité religieuse, moins facile
aux corruptions d'agents de machinations permanentes de
l'étranger, la portion de la population... russe et ayant
droit d'acquêts d'immeubles... appliquée au commerce
très-considérable des exportations de matières premières,
au trafic ou à l'imitation des produits industriels surtout
de l'occident de l'Europe, à l'usure. Cette classe, dans laquelle les artistes vivent obscurément, emplit de ses es-
saims actifs les grandes villes assises sur les fleuves qui
sont encore, un tiers de l'année, les seuls « chemins » de
la Russie; elle tient du Niémen à l'Oural le rang que Rome
permettait à ses affranchis; légalement, elle compte pour
peu de chose, et cependant elle a quelquefois, notamment depuis 1826, formé une sorte d'esprit-public que la
Cour est forcée d'écouter. En dehors de cette noblesse in-
consistante par son avidité, des premiers pionniers du
goût, des bourgeois malpropres et d'employés que leur
caractère assimile à quelque grade de l'armée, « il n'y a
personne » en Russie, dirait un duc de Montausier; il ne
s'y rencontre, en effet, que cinquante et quelques millions de choses, de serfs. La civilisation attend là le succès
de l'œuvre immense entreprise par Alexandre II, et bien

digne de l'esprit et du cœur de ce jeune Souverain ; mais.... vivra-t-il ?

La Russie a aussi peu de passif que de passé ; on ne saurait lui appliquer la sentence d'Horace : « *Multa senem* « *circumveniunt incommoda...* » Elle emprunte à des conditions moins onéreuses que celles subies par notre trésor public ; elle n'est plus encombrée de papier-monnaie ni de bons trop énormes d'une dette publique flottante ; elle ne se prétend point à l'abri d'épreuves financières, mais elle a cette conviction, qu'un pays essentiellement agricole traverse des crises de cette nature sans qu'il devienne bien difficile à son gouvernement de réparer les brèches faites à son crédit. C'est là une force considérable et... rare.

Il n'a peut-être manqué à l'influence russe dans l'Europe-Occidentale qu'un peu moins de zèle chez les gouverneurs obsédés des mercuriales du Saint-Synode grec pour la conversion des catholiques : pourtant, un Autocrate qui envoie à un banni « ses bénédictions d'Empereur et de « père » doit savoir que le baptême de sang a fait glisser le pied de plus d'un bourreau.

L'Angleterre tient trop peu de cas de la marine russe... en voie de progrès depuis Navarin.

Après avoir influé sur le Nord de l'Europe, dans une lutte avantageusement soutenue contre le célèbre Charles XII, pour l'élection d'un Roi de Pologne, la Russie, certaine d'avoir, dès le commencement du dix-huitième siècle, attiré l'attention du monde entier, s'imposait une halte. En 1772, poussée en Allemagne par d'ambitieuses appétences, victorieuse de Frédéric II, cette même puissance osait le partage de la Pologne. En 1778, elle se faisait accepter comme médiatrice entre l'Autriche et la Prusse ; bientôt après, elle devenait, à Teschen, la protectrice de la Constitution germanique, — antécédent fatal, exemple trop décisif pour un Empereur futur, premier de son nom en France. En 1799, pour une question morale, pour une idée, la Russie poussait 100,000 hommes jusqu'à Zurich, où ils rencontrèrent Masséna, et furent brisés. Un peu décontenancée, — en 1805 et 1807, — par deux journées qui garderont leur nom : « AUSTERLITZ..., « FRIEDLAND », elle a su, à Tilsitt, à Erfurt, à Prague, à Leipsick, à Paris, à Vienne, à Aix-la-Chapelle, à Vérone, conquérir la tolérance sinon la sanction d'un agrandissement d'influence tel qu'il n'en était jamais échu à aucune nation. Un échec punit l'empereur Nicolas des impatiences d'une politique... judicieuse... peut-être?, et le grand homme ne voulut pas survivre à une quasi-décadence. Nous n'avons pas le secret des intentions de son vertueux successeur, à qui cette gloire est assurée de s'être montré non-seulement plus honnête que le cabinet de Vienne (ce qui constituerait un mince mérite relatif), mais encore l'exécuteur loyal et scrupuleux des conventions conclues en 1856 au Congrès de Paris, quant à la délimitation du territoire ottoman, à la navigation du Danube, au renoncement aux armements offensifs des côtes de la Crimée : nous demandons qu'on nous laisse voir des présages d'une grande modération dans cette fidélité aux engagements, toujours respectable chez un gouvernement qui pourrait presque impunément penser et agir autrement que notre Louis XII. La France a été charmée de cette délicate droiture, qu'elle a prise pour une sorte de gratitude envers Napoléon III, qui avait persisté dans une volonté conciliante. Comme, entre deux cours et deux armées qui s'estiment également, la confiance s'établit et se consolide, la Russie est et demeurera notre alliée naturelle et sûre, tant qu'elle ne s'apprêtera point à diriger vers le Bosphore, du moins *proprio motu*..., cette force d'expansibilité qu'elle aura plus

d'heur à tourner vers l'Asie. En dépit de l'Angleterre, la
Russie possède là, soit depuis longtemps, soit par acquêts
récents, un immense territoire renfermant les plus magni-
fiques éléments de puissance et de richesse ; avec un long
mystère, avec une persévérance à peine soupçonnée par
Atkinson , elle a amassé dans la Sibérie Orientale les
moyens soit de précipiter sur l'Indoustan un irrésistible
déluge de populations musulmanes, soit de donner la vie
et le mouvement à des déserts transformés en siéges d'une
civilisation prospère. Ses progrès sont devinés ; ses ressources d'exécution s'aperçoivent disséminées avec une
stratégie savamment efficace pour le but : X d'une politique
qui, même avant de dominer sur le fleuve Amour, a servi
généreusement, sans égoïsme, les plus hauts intérêts de la
science. Ce sont des succès immanquables et dignes d'ap-
plaudissements, tant que la cour de Saint-Pétersbourg ne
cherchera point dans l'Europe centrale des complices pour
d'autres conquêtes que celles où les Khalkas lui suffiront
comme auxiliaires. L'on a beaucoup parlé d'une récente
rencontre qui a eu lieu en Silésie ; les revenants de « l'an-
« cien régime » en sont dans l'exaltation. *Quid hoc?* La
Cour des Tuileries n'avait rien à espérer de la Russie ; elle
n'a rien à craindre d'elle ni à Breslau, ni à Berlin, ni à
Londres, ni à Vienne ; elle verra toujours Sa Majesté tza-
rine exercer heureusement des séductions bien appré-
ciées... surtout à Paris. A la réserve de la Russie sur tout ce
qui peut toucher la France tient le maintien d'une importance légitime que celle-ci ne conteste pas, mais qui offusque
ailleurs. Que cette réserve dure longtemps, pour le bonheur
de l'humanité..., et les intérêts russes se réuniront souvent
dans une sainte communauté avec les intérêts que le Vainqueur de Solferino a mission de protéger. Il n'y a qu'une
seule mer, une seule ville (la noblesse russe doit le savoir) dont la France, par honneur et par devoir, barrerait

le passage, à tout prix, aux armées de cet immense empire
qui (touchant à tant d'autres mers, possédant une large
partie de tous les continents), semble, par un secret dessein de la Providence, amené à vouloir et à chérir dans la
grandeur de la France la garantie de la liberté de la navigation entre les deux pôles, tandis que les continuateurs
de Mourawief et de Poutiatine marquent en Orient, où
nous sommes aussi, chacun de leurs pas par une victoire
de l'intelligence européenne sur la nature, par une conquête de la civilisation, par une révolution que l'humanité
provoque en Chine. A ce peuple-là, à cet empire, nous
adressons nos souhaits en trois mots que S. Exc. M. de
Kisseleff est prié de redire : « *Age quod agis.* »

Il est quelques petits États dont l'armée compte
un effectif de 30 à 400 hommes..... sur le pied de
guerre, et dont les « très-hauts et très-excellents princes » (style d'Almanach de Gotha) sont convaincus que la
Providence, touchée de leurs mérites accumulés *depuis...*
sinon *avant* Witikind, a prédestiné leur faiblesse à servir
d'axe à des révolutions qu'ils appellent comme faisaient,
au temps de la coulisse, pour l'animation d'une liquidation
mensuelle de la Bourse, les joueurs sur de petites primes :
ainsi s'expliquerait la comique colère d'ambitions fermen-
tées dans le Deutschland et dans la peau de Burgraves
d'un saut-de-lièvre (stapland), rogues et durs roitelets qui
— mis en appétit par la sécularisation des fiefs ecclésias-
tiques, et surtout par un quine de 1815 — rêvent, même
éveillés, que la France est la terre promise des franches
lippées, des orgies sans fin, des abominations dont l'idée
brûle le sang de flibustiers blasonnés. Leur ramas ne vaut
pas l'honneur d'être nommé : de plus importants et moins
écervelés que ce seigneur d'Ems et de Wiesbaden, dont le

fumoir même n'est pas sien, peut être revendiqué, apprendront (un jour) que le Necker, le Mein, l'Elbe, ne couvrent point suffisamment l'ingratitude contre un Napoléon qu'anime un grand devoir, contre ces fiers vengeurs d'un peuple magnanime, lestes, impavides, portant plus que du fer, car ils ont des idées qui bouillent sous leur front d'airain. « *Sequitur pœna pede claudo.* »

Passons vite, aussi, devant un peuple de contrefacteurs et de polichinelles « *van vlamingen vooruit* » laissé

Au souvenir honteux de ses rodomontades autrichiennes de l'été dernier,
Au soin de solder la France, au scandale des ébats d'un parlement sans dignité,
Aux études sempiternelles de fortifications qui recherront,
Au pomponnement de ses soldats-caricatures,
A la culture de sa barbe à la prussienne,

et saluons, s'il lui plaît, dans Sa Majesté Néerlandaise, un Roi sage, un Grand-Duc de beau caractère, un Prince l'auguste et digne époux d'une très-noble dame dont le nom, pour toutes les cours, renferme le plus complet éloge.

Toutefois, la Hollande — nos lecteurs se le rappellent — n'est pas la seule des puissances secondaires qui se soit illustrée, par son vote, au sein de la diète-germanique délibérant sur la question d'opportunité et de nécessité d'investiture « *pro tempore* » (traduisez : « *à toujours* ») d'une dictature politique et militaire à décerner à la Prusse pressée de se rendre indispensable et despotique : le grand-duché de Baden, comme partie constitutionnelle du collége des princes confédérés, et le Danemarck (pour le Holstein), se sont maintenus sur la même ligne d'équité fermement pacifique; ils ont ainsi contribué à infliger un opprobre plus évident au Hanovre pour sa manie d'exagération et d'emportement, pour une irritation agressive courant après chaque prétexte d'aigreur, pour la brutalité de programmes royaux, — tristes symptômes d'hérédité de la maladie cérébrale qui affligea, jadis, des personnages de la même famille, — circonstances qui laissent les classes laborieuses de l'ancien *Steeurverein* sans espoir du rétablissement d'un régime douanier mieux accommodé à leurs habitudes commerciales et domestiques. Tous les sujets de l'Empire-Germanique ont des griefs d'autre nature dérivés de l'aberration anti-napoléonienne : il a, en effet, été constaté que, depuis l'existence des divisions sourdes ou patentes entre toutes les puissances confédérées, elles n'ont lâché la bride à leurs passions contre la France de nos jours, soit à l'instigation du dernier duc de Modène, soit sous le prétexte de certaines élections de Paris, soit à propos de la guerre d'Italie, qu'en sacrifiant tantôt l'intérêt particulier de leur autonomie aux obsessions d'un voisin prépondérant; tantôt l'intérêt allemand aux intérêts de l'Angleterre, ou de l'Autriche, ou de la Russie; tantôt quelques habitudes de liberté aux sollicitations d'une Altesse, la plus belle princesse de l'Europe... si l'Impératrice Eugénie n'existait pas; tantôt leurs ressources industrielles et commerciales aux prétentions ruineuses de la Prusse. La désertion capricieuse des traditions politiques de siècles précédents est ainsi punie : pour les États comme pour les individus, il n'y a de sécurité durable que dans la plus stricte observance des lois de la probité ; la grande politique tient à une vertueuse fierté qui ne craint rien au-dessus de l'outrage.

Qu'on nous permette de démontrer ces vérités dans le récit succinct des inquiétudes qui, depuis plus d'un demi-siècle, tourmentent une puissance septentrionale.

Au commencement de ce siècle, la Prusse se trouve nantie de postes avancés qu'elle avait longtemps convoités au Centre, au Midi et au Nord de l'Allemagne, aux dépens du parti catholique presque détruit, sur les ruines de petites souverainetés immolées à la grandeur nouvelle des Hohenzollern. L'ambition du cabinet de Berlin paraît assouvie : pour lui, la légitimité c'est le vol, le vol opéré sur une échelle princière, à l'aide de l'intimidation produite par 200,000 baïonnettes ; mais plus il usurpe, plus il éloigne de lui cette majorité numérique dont il a besoin devant la Diète, plus il affaiblit sa consistance morale, cette sève du pouvoir, sans laquelle il dépérit rapidement.

« Quand Auguste avait bu, la Pologne était ivre. »

La corruption du gouvernement prussien descend et pénètre jusqu'aux dernières classes des sujets : dans un pays où le protestantisme se targuait d'être le gardien des bonnes mœurs, il perd subitement sa couronne virginale et il inaugure l'ère des navrantes statistiques qui établissent encore que le nombre des criminels de la monarchie prussienne comparé à celui des criminels de l'Autriche est :: 4 : 2 ; pour l'Angleterre :: 4 : 3 ; pour la France :: 4 : 1 1/3. La société berlinoise en est restée en poussière, sans liens sûrs, sans public pour le théâtre de Schiller, son poëte grand et vrai, mais seul, sans école, sans successeurs : quand elle s'en va, le génie suit la vertu.

« L'abîme appelle l'abîme. » : lorsque, peu d'années après, sous le règne nominal du mari de la reine Louise, affolé par la promesse de biens immenses, inconnus, impossibles, donnée par une coalition, le cabinet de Berlin a été convaincu de mille perfidies, il sent le besoin et il essuie le refus de satisfactions proportionnées à ses torts ; enfin, ballotté par les plus inconcevables entraînements populaires, il encourt les terribles vicissitudes et les désastreuses conséquences d'une guerre où la victoire fut (il faut l'avouer) plus française que notre politique.

> « Ce superbe Berlin qui d'orgueil se prélasse,
> « C'était notre relais quand l'armée était lasse. »

La maison de Brandebourg fut réduite à dévorer en silence ses chagrins. Son deuil fut profond, gauche, brusque ; il sépara, pendant soixante-quatorze mois, les deux seules puissances dont les intérêts fussent conciliables, dans l'état du monde, après Austerlitz et Trafalgar.

L'heure a sonné du 29ᵉ bulletin de la grande armée...; après quelques nouveaux mécomptes, Stein, Gentz et Alexandre Iᵉʳ l'emportent sur Napoléon ; enfin, les Prussiens sont dans Paris, fort étonnés de s'y voir. On peut dès lors imaginer ce qu'ils en exigeront, s'ils y reviennent. Et, en effet, en 1815, il faut gorger de vin et d'or l'armée la plus pillarde, la plus dissolue, la plus féroce qu'on sache depuis la *Guerre de trente ans*. Pour les soudards d'une unité nationale absente, que deviennent les plus augustes intérêts du genre humain ?... L'honneur de l'armée prussienne est resté mort d'ivresse dans les flots de sang où elle croyait noyer les souvenirs de Iéna et de Fleurus. En 1832 sur la Meuse, en 1859 sur la Sarre, son ombre s'est épouvantée. Maintenant, si l'on nous parle des vertus, des lumières, de la force de volonté, de la

sagesse du gouvernement de Berlin, nous ne contesterons
rien, mais nous n'exalterons pas non plus sa grandeur et
son caractère : ce nous semble un trop singulier monde
que celui où un M. de Gerlach s'arroge l'importance d'un
chef d'opposition, lui, la parodie d'un Cazalès! Pour tout
dire, c'est une courtoisie un peu berlinoise envers le
prince-régent Guillaume que celle qui crie à l'Europe
entière : « Les rôles de l'entrevue de 1802 et de 1806 ont,
« hier, à Breslau, paru fort intervertis; le Prince s'y est
« montré LE PLUS aimable des chevaliers et LE PLUS fin
« des politiques. » Voilà bien des superlatifs pour Saint-
Pétersbourg! Quelle gloriole pour Potsdam, d'où un
Français écrivait autrefois :

« Tout est fumée aussi bien que la gloire ! »

Et quelle folie, surtout en présence d'une puissance
voisine bien ordonnée sous un souverain prudent comme
Turenne et illuminé comme le grand Condé, d'appeler la
Prusse entière « la plus vaste et la plus belle des casernes »,
quand près de quatre mille maisons bourgeoises de Berlin
même demeurent sujettes aux servitudes d'un logement
militaire peu convenable à la discipline, à l'instruction,
à l'assurance et à la liberté des mouvements, à la régula-
rité du service et des manœuvres, aux habitudes de la
guerre, à l'entretien des forces, à la santé parfaite, à l'ardeur de combattre, à l'amour de la gloire, au dévouement
à son chef, qui distinguent une autre armée!... Nous
n'avons ici l'intention de dénigrer aucune nation, mais
nous est-il interdit de citer des faits irréfragables, de vé-
rifier ici, par l'histoire la plus authentique, le proverbe
vulgaire : « Chien qui aboie ne mord point » ? Chacun
se rappelle ces traînements de sabres, de fers bruyants et
autres appareils de guerre dont Bruxelles retentit si bur-

lesquement à l'heure même de la signature *des 24 articles.*
En 1806, quand la Prusse entière cédait à Napoléon Ier,
quand la présence de quelques escadrons français suffisait
pour décider la capitulation des places de guerre les plus
formidables depuis la Saale jusqu'au Prégel, tandis que,
après quelques jours de fiévreuse exaltation, le Brande-
bourgeois retombait lourd et pensif dans sa taciturnité
viagère, une seule province prussienne, — celle où n'a-
vait point retenti l'insolent défi : « A Paris ! » — résista
très-énergiquement à nos bataillons, ce qui détermina la
promulgation du décret napoléonien ordonnant le rase-
ment des fortifications de Schweidnitz. D'impertinents
vacarmes n'empêcheront donc point la France ni de soutenir le bon droit du Danemark, ni de conclure avec la
Russie une alliance plus étroite : la France, antipathique
à l'égoïsme, à la peur, à la fausseté, est estimée bien au-
dessus des ressentiments d'un État qui (depuis 1750) a
trouvé dans ses agrandissements plus de malaise que de
prépondérance, plus d'énervements que de force, plus
d'illusions incurables que de facilités pour vaincre les
inconvénients de distances et d'antipathies entre ses provinces. Que la Prusse renonce à recourir à nos bons of-
fices, c'est son droit ; mais qu'elle y songe bien avant de
prendre un parti définitif.

Si elle veut faire barrière contre la Russie, celle-ci crou-
lera sur Posen, Kœnigsberg et Berlin ;

Entraînée à la suite d'un empire colossal, elle s'appau-
vrira pour lui ;

Si elle consent à lui servir d'avant-poste contre l'Occident, elle se fera broyer par des armées de terre et de mer ;

Si elle attaque l'Autriche, elle se met la Confédération
sur les bras ;

Si elle cède à l'ascendant du cabinet de Vienne, elle
s'amoindrit énormément ;

En s'inféodant à l'Angleterre, elle ruine l'industrie de ses meilleurs cercles ;

En se posant en ennemie du cabinet de Saint-James, elle s'interdit tout commerce maritime.

Il lui convient donc de se borner, de se faire sage, depuis que la guerre qu'elle déclarerait ne peut plus être qu'un effet, mais jamais une cause d'emportements du dehors, plus ou moins inintelligibles dans un royaume n'ayant qu'une largeur moyenne de 40 lieues sur une longueur de 300 lieues, avec charge et bénéfice de quelques enclaves. En un mot, pour la Prusse, la sécurité c'est évidemment la paix ; et la paix lui est impossible sans l'amitié de la France impériale.

Dédaignée de la Russie, pleine de rancune à l'égard de la Prusse, l'Autriche, épuisée et affaiblie... pour plus d'un lustre, ne redeviendrait à craindre pour nous que dans le cas d'un très-grand revers. Or, depuis Villafranca, ce danger fort improbable paraît généralement écarté par les vastes pensées de Napoléon III, par cette prudence impériale prête à tous les événements, par les émotions humaines que le bruit du canon écarte du cœur de notre souverain, mais dont la trace reparaît à l'heure des conseils dans la majesté césarienne d'un visage impérieux et calme. Restent ces questions :

Un accord avec l'Autriche sera-t-il utile ?

> sera-t-il sincère ?
>
> sera-t-il digne de quelques sacrifices ?
>
> sera-t-il commutable en une alliance ?

A cela tout l'Empire Français répond unanimement :
« Non. » Non, parce que les oligarques de Vienne ont
plus de passions que d'intérêts à portée de notre mainmise...; non, parce que l'ambassadeur d'Autriche porte le
nom fatal d'un diplomate auteur d'un mariage et d'une
médiation... inoubliables; non,... parce que, pendant les
bruits d'une animadversion traduite par des armements
auxquels l'Angleterre anxieuse précipitait la Prusse, —
en 1859, — le reste de l'Europe attentif a été saisi de motifs d'accuser l'Autriche de la réduction de mille intérêts
moraux à une abstraction, et d'un affaiblissement essen-
tiel du droit public qu'elle ne trouve respectable nulle
part; non,... parce que la dépouille mortelle de Napoléon II n'est retenue par l'oligarchie viennoise que comme
un trophée barbare qui l'enhardit aux flagellations, aux
spoliations, aux assassinats juridiques des partisans modérés, éclairés, patients, de cette liberté sage passée désormais dans la substance et le sang de la France, qui en
souhaite partout l'équilibre.

Et cependant, si l'Autriche voulait voir que c'est l'opinion qui mène aujourd'hui les hallebardes;

Si l'Autriche renonçait à un absurde pontificat de violences contre lesquelles les mœurs nouvelles protestent si
éloquemment;

Si l'Autriche comprenait que, sans refaire la suprématie d'un nouveau Kaunitz sur la Cour de France, elle peut
retrouver là une alliance en des conditions utiles et glorieuses;

Si elle s'illuminait soudainement de l'aperception de la
grandeur des bénéfices promis à la puissance qui recher-
chera, de concert avec Napoléon III, des solutions équi-
tables du règlement prochain d'une immense succession
« à l'ouverture de laquelle les héritiers naturels sont ap-
pelés à se présenter »;

Qui sait si l'Autriche ne nous tendrait pas une main loyale?... Qui sait si, aux cris de douleur de la Hongrie et aux imprécations intimes de la Vénétie, un Empereur jeune, sensible, brave et spirituel, ne se laissera pas toucher de compatissance pour des peuples dont Dieu l'a fait le souverain et punit les persécuteurs ?

Voici une autre question qui touche à tout et à tous, aujourd'hui : « Qu'est-ce que la Turquie? » Nous ne savons pas ce que répondrait là-dessus un diplomate, ni ce que les journaux ont consigne d'en... penser, chacun selon sa coterie; nous relatons exactement ce qu'en dit notre contrée, où le franc-parler n'abdiquera jamais.

La Turquie n'est plus une puissance : dans son indolence et son incurie, elle retient une sorte de vie quasi-artificielle, un souffle, pour certains traits d'humeur et de perspicacité communs chez les enfants rachitiques.

La Turquie, c'est une place forte, d'ancien renom devenu une épigramme saillante sur des ouvrages défensifs qui croulent ou sont tombés en nappes. C'est, sur de plus grandes proportions, le mélancolique tableau du Château d'Arques, « le bijou de Flers », comme disaient Robert, Descamps et Delacroix.

La Turquie, l'on en glose... moins pour la juger que pour ne s'en taire pas : on la sait condamnée. L'on croit même savoir que, au sujet de la Corne-d'Or, l'Europe passe pour disposée à s'accommoder de la *morale* d'une fable de Florian intitulée : *Les Deux Lions*; ceci soit entendu sans préjudice pour le léopard britannique. Les ulémas et les thalebs d'Istamboul admettent que « cela est écrit! » En général, les musulmans du Bosphore semblent sentir qu'il y a dans la situation de l'Empire Ottoman comme une inéluctable fatalité qui l'épuise, l'abat, l'exténue. De là, probablement, cette corruption à laquelle aboutit la « lumière humaine (1) » du sensualisme voulant surtout jouir... *lœtari*?... De là cette absence de mesures de soutènement, qui justifie l'application aux fils dégénérés des conquérants de Sainte-Sophie d'un proverbe connu à Constantinople aussi bien qu'à Paris et à Londres : « S'il est facile de conduire un cheval à la rivière, il ne l'est pas de le faire boire, quand la bête n'en a pas envie. » Or, depuis la dépêche de lord Redcliffe caractérisant, en style de Sancho-Pança, un mal administratif dont l'on ne guérit point, la BÊTE c'est le ministère turc, le même sous tant de noms divers tous « chi'i », tous maudits d'Allah !

Si la question scandinave n'a pas acquis encore une si grande importance et fait au loin moins éclatante figure, l'évidence dés arguments de ses défenseurs continue d'agir en silence et de se fortifier par une alliance scientifique et cordiale des trois nations qui attendent sagement, pour la rendre politique, le moment propice d'en faire valoir les avantages pour les parties intéressées et la nature conservatrice devant les ambassadeurs réunis au prochain Congrès de Paris. L'on comprendra cette inclination des cœurs scandinaves quand l'on aura bien voulu remarquer que l'Allemagne, qui vise à acquérir une position maritime, s'acharne aujourd'hui contre le Danemark, pour, avec le concours ou le seul aveu de la Russie, trouver dans la Scandinavie un second duché de Posen, tandis qu'au contraire l'Europe occidentale se sent pressée de ne pas laisser périr avec les nationalités scandinaves les rares asiles d'une liberté bien ordonnée. Que les peuples menacés gardent donc leur énergie pour une défense mu-

(1) Antiphrase inventée par le baroque M. Charles Hugo.

tuelle, et la France changera en lettre morte le programme
du Heelstat :

« Cet oracle est plus sûr que celui de Francfort. »

Sensible aux hommages des hommes au cœur droit et
sincère, Napoléon III sait avec quelle allégresse « les bons
messieurs des trois Royaumes scandinaves » ont vu Sa
Majesté cicatriser les plaies de nos glorieux désastres
d'autrefois et prendre en chacune de ses glorieuses étapes
d'Italie une éclatante revanche d'une dernière bataille de
vainqueurs de hasard. L'Empereur se souviendra.

Tenus par le bon sens du terroir en garde contre de
germaniques appels à des fadaises plus fanfaronnes que
dignes, les Cantons Helvétiques, justes appréciateurs du
grand caractère de l'ancien hôte du château d'Are-
nenberg,

> Quand, traînant dans l'exil sa jeunesse flétrie,
> Il demandait en vain à l'ingrate patrie
> Un toit pour reposer son front,

ont continué à donner au monde le spectacle d'une nation
honnête, laborieuse, courtoise, vaillante, qui maintenant
oublie son cri de guerre : « Granson ! » pour celui-ci :
« Neuchâtel et France ! » Honneur à la Suisse, fière gardienne des traités et de son indépendance ! Bonheur durable soit à cette terre où les mères et les enfants bénissent
Dieu d'être nés !...

Un peu trop dur... hier... pour la maison des Grimaldi
de Monaco, le Piémont, qui ne manque certes ni de beaux
courages ni d'intelligences d'élite, envisagera, quelles
que soient les décisions du Congrès, ce que l'Italie, dont

Turin est l'âme, peut : 1° attendre judicieusement de son locataire... tenace... de Villafranca, « *Multum ille et terris vastator et alto ;* » 2° redouter de l'Autriche, entichée de son droit immuable à la possession de tout ce que sa main algide a pu étreindre, ne fût-ce qu'un moment ; 3° obtenir de la protection usuraire de la plus grande boutique européenne des denrées libérales, coloniales, sophistiquées, etc. Dans le calme des passions, le Piémont se convaincra alors qu'il y a pour ses populations incohérentes avantage et sûreté à demeurer le lien solide, honoré, incontestable, d'une confédération respectable, plutôt que le bras raccourci d'une unification tourmentée par les jalousies outrecuidantes de municipalités altières... avec chances de redevenir la proie momentanée des coupe-jarrets de Mazzini, avant une rechute inévitable dans l'abandon et le mépris des nations sous la double serre et le double bec du monstre étourdissant la nouvelle Andromède. « Qui trop embrasse mal étreint. »

A une époque où le nombre des détenus était, en France, de 1 sur 1,300 habitants, il y avait un coin embaumé de la terre italique où le chiffre des détenus était de 1 sur 2,000 habitants ; cette heureuse contrée, c'était la Toscane, fort convaincue qu'il ne manquait à sa plus parfaite félicité qu'un liberté moins restreinte de conscience et des friperies représentatives dont elle avait déjà subi la mode. La ville des fleurs et des *cascine* a l'idiosyncrasie du régime loquace : elle n'imagine pas de plus doux complément aux lois Léopoldines. Si Dieu doit ne pas punir trop Florence en lui accordant ce qu'elle désire, que la Toscane soit con-sti-tu-ti-on-na-li-sée, aussitôt que Saint-Marin sera vraiment indépendant, dès que Naples et Rome jouiront d'élections libres, de codes réformés, d'une autre assiette d'impôts, d'un sage emploi des revenus publics, de ces garanties que réclame... un peu théâtralement... l'Europe, point friande de prétextes aux notes piquantes et dures du marquis Antonini. Tout vient à point à qui sait attendre. Espère, belle et triste Florence !... paroles de Grand-Duc valent quelquefois loyales paroles d'Orange.

Reconnue à Saint-Pétersbourg, traitée aigrement et arrogamment par une puissance beaucoup plus accommodante par delà le tropique, encouragée et appuyée sur la France, la royauté d'Isabelle II a réussi, en Espagne, à étendre le progrès des échanges et celui des éléments de la fortune publique, par l'ouverture de nouvelles voies de communications, et notamment par des rudiments de chemins de fer; elle a, par des réformes louables, dégagé la situation financière du pays; elle donne un peu d'activité à cette vie intellectuelle qui, en dehors de la polémique des journaux, relève les nations; de Cadix à Fontarabie, la sécurité des routes et du foyer domestique est assurée... presque partout; la richesse publique est mobilisée; la politique extérieure du cabinet de Madrid est sortie de ses habitudes si peu actives, si peu accidentées, au cri de guerre des âmes castillanes : « En Afrique, « malgré qui qu'en grogne !... En Afrique! » et le Maroc sera puni, sous les yeux d'une flotte française, la garantie de la neutralité de Gibraltar.

Dans un malaise réel pour les populations portugaises, trop sujettes à des crises de disette et d'épidémie, la Cour de Lisbonne végète sans communications avec l'Europe, sans commerce, sans marine, sans armée, sans crédit, sans ministères stables, sans chambres fortes d'éléments cohérents, sans force morale même à Rome, sans existence que celle d'un satellite, sans initiative, dernière espérance d'affranchissement. Voilà le résultat des révolutions dans un pays où personne ne ferait le moindre sacrifice à la concorde !... Voilà une de ces grandes leçons que Dieu offre aux peuples et aux rois quand il punit une race dégénérée des crimes de ses pères et de son amour des importations étrangères !

L'alliance de la France et de l'Angleterre a scellé la vieille politique moscovite dans les froids caveaux où repose désormais l'empereur Nicolas. Dans ce triomphe définitif consacré par la chute de Sébastopol, nos voisins n'ont pas eu la part brillante qu'ils se promettaient d'obtenir dans la capitale même des czars, pour prix de leurs sacrifices gigantesques. Ils en ont ressenti un regret naturel et d'autant plus vif qu'ils n'avaient qu'à tendre la main pour cueillir le fruit de leurs préparatifs. Même en dehors des arrière-pensées d'un égoïsme national qui s'irritait en présence de l'Europe, il faut l'avouer, la paix était venue trop tôt : M. Roebuck en a grondé longtemps, et ce gentleman « chien de garde » en gronde encore, quoique réellement, avant la paix de Paris, nous n'ayons pas refusé d'aller nous associer à des opérations militaires en Asie. « *Manet altâ mente repostum !* » De là date certain regain de vieilles rancunes de cœurs anglais qui avaient cru..., un moment..., pouvoir aimer la France !... De là ces tendances, invincibles outre-Manche, et ces aspirations mal dissimulées à une suprématie d'où dériverait, pour le Cabinet des Tuileries, un rôle impossible, évidemment plus gros de périls et de désastres qu'une tentative d'invasion par les armées françaises cherchant les clefs de la Tour de Londres ! Et pourtant, on le sait bien à Osborne comme à Compiègne, grâce à l'entente cordiale des deux puissances occidentales, l'indépendance de la Suède et d la Norwége est assurée, le protectorat russe sur les Provinces danubiennes est aboli, les arsenaux de la Crimée ne se relèveront point dans des conditions menaçantes, Nicolaïef est borné dans ses moyens d'action; enfin, les armements en course, la traite des nègres, les blocus fictifs, les saisies des marchandises ennemies à bord des bâtiments neutres, sont répudiés et flétris comme autant de brutales violations des idées de progrès et d'humanité qui (malgré les lords Colchester et Derby) ont fait leur chemin dans les deux mondes. La France impériale a laissé à son alliée toute la liberté intérieure d'action qu'elle s'assurait chez elle-même. Elle n'a commis nulle marque d'approbation ou d'improbation ni à propos du bill de réparation « *du grand péché national* » de Maynooth, ni pour la motion Fagan sur « *l'argent des ministres* » anglicans en Irlande, ni relativement aux interprétations anglaises du Traité de Paris par les marchands londoniens de bric-à-brac philanthropique. Elle a laissé (elle, cette France tant de fois accusée d'emportement et de violences par les anges de modération... du *Times* ou du *Morning-Herald !*) l'Angleterre traiter à sa guise la question de l'Amérique centrale, l'incident Crampton, le conflit avec la Perse; elle a prêté son appui moral contre l'insurrection indienne; elle a tourné ses canons contre Canton et le mandarin Yeh; elle a aidé lord Palmerston à débrouiller des relations engagées dans une voie épineuse; elle a regardé Périm comme une des découvertes du Vasco-Gama de *Monte-Christo*; .... à l'heure des récentes évolutions de quelques barques anglaises vers l'Egypte, elle s'est déclarée aveugle,... comme Nelson,... volontairement; elle n'a conspiré ni la destruction du parti peeliste, ni l'ostracisme de l'école du libre-échange, ni la décapitation des radicaux, dans le Parlement; elle n'a obéi à aucune préoccupation taquine de jalousie ou de ressentiment : sous un Empereur magnanime, la France reste chevaleresque. Elle a armé ses côtes, garanti ses arsenaux, pourvu au maintien de son influence et à la dignité de son pavillon sur toutes les mers ; elle suivait en cela un exemple donné de Jersey à Greenock, à grand bruit de tocsins d'alarme, au prix de devis fabuleux, avec un enthousiasme admirablement joué. Mais pourquoi (nous répète-t-on) « tant de bruit pour rien ? » Il nous semble facile de démêler cet imbroglio comme suit :

Entre les gouvernements dont leur trésorerie altère plus ou moins gravement le régime dit « représentatif », il en est un où les rôles convenus des principaux acteurs se prêtent cyniquement aux évolutions les plus contraires et aux péripéties les plus inattendues ; l'on y déclame comme Burke : « Je quitte le camp... », et les rangs se referment derrière le transfuge du jour, espion de la veille ; ce gouvernement,

> Il suffit qu'on le nomme ,
> C'est celui d'Albion ,
> Expert en tours de Pantalon ,
> Avide , atroce , fier..., comme un Sénat de Rome,
> Aux jours corrompus de Caton.

Ce gouvernement s'appuie sur les classes moyennes, qui manquent de fixité de principes, de solidité de caractère, de savoir pratique, de désintéressement dans les questions les plus importantes d'économie publique, — classes pleines de préjugés, enflées de suffisance, révolutionnaires par taquinerie, menteuse comme le... *Times*, incapables de résolutions fortes, étrangères aux qualités des peuples vraiment libres : le courage du prolétariat, l'intelligence du patriciat, ne faisant sortir d'un chaos d'éléments en désordre que l'irritation du sentiment national inquiété pour la satisfaction d'instincts implacables, les ressorts infernaux d'hommes portés de palinodies en palinodies aux coupables honneurs du ministère. Aussi, la politique de ce ministère instable se renouvelle-t-elle à chaque parlement nouveau, mue-t-elle à chaque saison, chantonne-t-elle ou grogne-t-elle suivant la densité des brouillards de la Tamise; originale, capricieuse, enfantine, variable comme les modes, vaine surtout de la sagesse dont elle se flagorne.

Toutefois, cédant à un bon mouvement ou à l'ascendant magique d'un nom duquel dépendait le terme de longs remords, ce gouvernement, dont l'insagacité n'est pas le défaut, se hâta « non pas d'introduire », mais... d'accueillir courtoisement l'Empire nouveau dans le cénacle des chancelleries européennes.

L'intérêt anglais concordait avec les intérêts de l'humanité, Londres mit fort bonne grâce à les patronner, et Paris y applaudit. Dans nos départements, ce service fut appelé « un bienfait! » Cette lettre de change tirée sur notre honneur a été soldée en Crimée.

Cependant, au lendemain du quitus, l'alliance aurait péri si, du côté de la France, le plus digne sang-froid n'avait triomphé de la passion obstinée à étendre à des brigands les bénéfices d'une hospitalité qui ensanglantait. Et depuis, que d'arguties..... mesquines, que de jalousies... insupportables, que de méfiances... couardes, que de hauteurs risquées en pure perte, que de tiraillements mal dissimulés, que d'interrogatoires... condamnés à suppression, que de thèses... pour rien, que de petites perfidies dédaignées, que de menaces murmurées... hors formes de *casus belli!*...

Impossible d'oublier, un jour, une heure, un moment, que, même sous les traits de l'adorable lady Cowley, — le

spleen est le démon des ménages : celui de l'alliance
franco-anglaise songe à l'*ultima ratio*... d'un juge de paix,
à l'heure même où la grande expédition de Chine échet
comme un atout dont des mains amies peuvent et doivent
tirer parti. La situation est nette, elle éclate d'évidence,
un succès convie l'univers pour témoin d'une conquête
tout à l'heure féconde en résultats prodigieux ; mais
l'égoïsme mercantile vient, oreilles et yeux fermés, sup-
plier au pied d'un trône : « Sire ! rassurez-moi. » Dans
la haute droiture de son âme, avec la mâle franchise de
son langage, un bref et lumineux programme de la politique la plus généreuse paraît au Souverain devoir être
accordé comme dictame d'inquiétudes que Sa Majesté ne
comprend point. La dépêche est lue, publiée, commen-
tée, dans le pays de ses destinataires ; elle appelle, elle
commande, elle justifie la confiance... et fait des ingrats :
la vérité dans sa naïve et sapide vigueur, dans son élan
impérialement vrai, n'a ni charmes ni majesté pour des
casuistes malingres de la sécurité britannique qui ne
voient qu'un chiffon de papier dans les témoignages
d'une auguste affabilité !... Enfin (car il faut tout dire
quand il s'agit de constater l'insanité des variations de
l'esprit public d'un peuple) il s'est rencontré, à Londres,
dans les salons du patriciat, dans les tavernes de la
grande armée des vices et des désespoirs, des individus
qui ont tympanisé des lettres expédiées du Cabinet de
l'Empereur Napoléon III comme des speechs *pour la
couronne* adressés par un client couronné.... à qui ?.... au
Mob anglais ; à des flibustiers qui se posent en Romains ;... au furibond docteur Spurgeon ; à d'apocalyp-
tiques déclamateurs tels que les Elliot, les King, les
Wills ; au Danton du *People's-paper ;* à des blasphéma-
teurs qui professent le sécularisme comme Holyoake,
l'athéisme comme Moxon, le matérialisme comme O'Neil ;

aux Cooper qui écrivent qu'il ne manque à l'Angleterre qu'un *tue-reine*... « *because the crown is a nullity in itself* » ; à ces énergumènes qui, échoués sur les dunes de la vieille Angleterre avec les épaves révolutionnaires des deux mondes, vont, au « Great-Coffee-House » ou à « Saint-Martin's-Hall », accoler, applaudir, imiter Mazzini, Pyat, Simon Bernard et autres agitateurs de la formidable question « de la nationalisation du sol anglais !!!! »

Ah ! nous le demandons à tous les honnêtes gens, si la Providence n'avait mis au cœur de Napoléon III la ferme résolution de maintenir la paix entre deux grandes nations sur qui repose l'avenir de la civilisation, l'Empereur, à qui le seul département du Nord fournirait 40 mille hommes et 40 millions de francs pour une guerre contre l'Angleterre, pourrait-il persister, avec une fermeté surhumaine, dans son triomphe quotidien des passions de l'étranger, de la France et.... peut-être.... du propre cœur de Sa Majesté ?... Le Congrès nous répondra, ou plutôt comblera les espérances des peuples civilisés, en assignant terme et limite au remue-ménage perpétuel entretenu par cet albatros qui tâte chaque rivage des îles et des continents pour y saisir une proie profitable à l'Angleterre : les îles Cocos, les îles de la Baie, Balise, Périm, Aden, le Cap, Ceylan, etc., etc.

L'intégralité du pouvoir temporel de N. S. P. le Pape est et demeure garantie, aux cris de joie de tous les vrais enfants de l'Église ; il y aura réforme, mais sans déformation imprudente et sans transformation inique.

Naples se pique moins au jeu dangereux d'affecter les contrastes politiques qui font tirer les Deux-Siciles au plastron par les apôtres de la république universelle à venir avec le Messie du panthéiste Salvador, par les Grecs du Collége de France, par l'Hébert, le Chaumette, le Trevelyan de la *Revue des Deux-Mondes*.

Divisée dans sa politique, tendant à l'unité par une similitude d'intérêts matériels, partagée en deux camps dans l'examen de ses affaires religieuses et dans le développement de ses goûts esthétiques et scientifiques, uniformément étranglée sous la casaque militaire prussienne, enlevée çà et là dans un tourbillon intellectuel qui n'a qu'une tache : son intolérance envers le catholicisme, la Confédération-Germanique ajourne des réunions... inévitables, redoute des médiatisations, aspire à une hégémonie distincte de deux grandes rivalités, règle sagement ses budgets, opère de saines réformes, cherche à relier la mer du Nord et la Baltique, organise un Lloyd Brêmois, développe ses institutions gouvernementales, littéraires, commerciales, industrielles, comme si, depuis le Lahn jusqu'à l'Oder, presque chaque État ne s'endormait avec la crainte de s'éveiller pris à la gorge par un protecteur... appelé, fui, espéré, abhorré tour à tour. Toutefois, fatiguées de cette angoisse et des oscillations qu'elle détermine, des souverainetés majeures, non pas Reuss, Lippe, Brunswick, Weymar, mais Bade, Saxe, Hanovre, Bavière, Wurtemberg, Hesse-Cassel, ont imaginé, pendant l'automne dernier, l'organisation d'une ligue qui pût soustraire chacune d'elles, toutes solidaires, sinon à l'influence du moins à l'action directe, à l'usurpation morale d'un suzerain s'improvisant avec intention de supprimer des dynasties, des traditions, des droits historiques, sous le prétexte d'assurer le triomphe de la race germanique parquée en cinq ou six États absorptifs. Cette ligue est un grand plan ; peut-être deviendra-t-elle une alliance solide et respectable, si des souvenirs colères d'une population

abusée ne contraignent point la France à montrer moins
d'attache aux traditions de Richelieu et aux exemples de
la politique réparatrice de Napoléon Ier, à appuyer moins
fermement la médiation de la Russie appelée à empêcher
la spoliation et la ruine de princes et princesses du sang
des Romanoff ?... Que les petits princes ne rêvent plus
d'un Agamemnon ; qu'ils touchent du doigt les reliefs de
la situation : alors, fière de son passé, tranquille sur le
présent purgé des barateries de la contrefaçon autrefois
cantonnée à Bruxelles, confiante en ses destinées à venir,
la véritable Allemagne, — celle qui date d'avant 1417 et
1438, — l'Allemagne centrale, moins ombrageuse et moins
agressive, trouvera mille titres aux sympathies de la tu-
trice-née des États non médiatisés dont on égare présentement le patriotisme.

Autres temps, autres mœurs : nous ne sommes au lendemain ni de Tilsitt ni de Leipsick ; nous revenons de
Solferino ; nous ne renions point 1803.

Nous ne voulons ni la Prusse dans le Lauenbourg, ni
la Saxe en Thuringe.

Nous nous opposerons à l'établissement d'une puissance
maritime sur la mer du Nord ; nous nous souvenons trop
des luttes du dix-septième siècle.

Nous interdirons des remaniements de territoires au
bénéfice de la Hesse, du Hanovre, du Wurtemberg, de
Bade, de la Bavière.

Nous nous opposerons à l'unification par la féodalité ou
par la démagogie comme à une œuvre inique et révolutionnaire qui briserait la chaîne des temps.

La France maintient la justice : c'est sa mission.

Sans droit maintenant bien assis, parce que, sans force
encore, l'inviolabilité de l'autonomie de chaque souve-
raineté reconnue par une population intéressante n'a gar-
dé son caractère utile, recommandé, sacré, que pour ces

cabinets mêmes de Paris et de Saint-Pétersbourg, calom-
nieusement dépeints comme cruellement hostiles à l'Allemagne que Vienne et Berlin convoitent, écharpent en
espérance et se partageraient demain : « ....*Et vos erudi-
mini qui judicatis terram !* »

Malgré les rouages d'une organisation qui ne corres-
pond pas bien aux besoins et aux mœurs de la nation,
sous un gouvernement modéré parce que l'opinion de
l'Europe lui impose, momentanément délivrée des réqui-
sitions de ses créanciers, moins agitée par des divisions
que fomentait l'ingérence trop prononcée des puissances
protectrices, la Grèce, qui a eu tant de sympathies pour
l'Italie de 1859, s'assouplit à l'autorité royale secondée
par le sentiment religieux et le sentiment national. Elle
sent, et les étrangers le reconnaissent volontiers, que
(depuis la fin de la guerre de l'indépendance) les États du
roi Othon ont fait d'immenses progrès, et marchent, à la
tête des peuples de l'Orient, dans la voie de la prospérité
morale et matérielle : « *Hi sunt quos ambit Gallia lauri...* »

> « La cause de la liberté
> Fut, là, la cause de la France. »

Les questions de tarifs âprement débattues entre les
trois grandes sections de l'Union-Américaine ;

La compétition des fonctions publiques soutenue par
tous les moyens, y compris le pugilat et le *revolver*, et
grandie jusqu'aux proportions d'un événement politique
considérable ;

Les difficultés qui résultent de la *décapitation* adminis-
trative des créatures du Président qui s'en va, des clients
d'icelles et des protégés de ces mêmes clients, depuis
l'attorney général jusqu'au conscrit des accises ;

La tradition qui, dans ce pays où l'antécédent fait loi, interdit la conclusion de traités de nature à entraver éventuellement la liberté d'action du gouvernement fédéral ;

La fréquence des émeutes suivies de pillages et de meurtres ;

Les rixes qui dégénèrent en combats entre les municipalités et les États, entre ces États et le pouvoir central ;

D'un côté, l'abolition de l'esclavage poursuivie avec fureur ;

D'autre part, la servitude se gaudissant d'une conquête à chaque nouveau pas d'emprise par la Fédération ;

Là, les partisans de la liberté poussés à bout et prenant les armes ;

Ici, l'abus excessif de la loi de Lynch ;

Plus loin, des *writs* méconnus, des troupes battues, des archives incendiées, la rébellion glorifiée, la justice décriée, les Mormons triomphants, la police annulée par la canaille, des meurtres qui sont applaudis ;

Les banques hâtant leur déconfiture, en fournissant à des intrigants les moyens de lutter contre les faits et contre la nature aux dépens de leurs actionnaires ;

L'industrie en souffrance pour avoir joué son va-tout dans la démence d'une prospérité inespérée ;

L'ouvrier, sans travail et sans secours, assistant aux débâcles d'une crise monétaire ;

De grands propriétaires en désouci d'un renversement général des fortunes acquises dans le commerce ;

Des flibustiers désavoués en public, mais sûrs de l'impunité et aidés en secret ;

L'augmentation croissante des dépenses fédérales ;

La dilapidation des ressources municipales des grandes cités ;

Le Mexique rogné,

La Havane menacée,

Nicaragua envahi,

L'Espagne outragée,

La France appelée à sauvegarder sa dignité,

L'Angleterre acculée aux dernières limites de la patience,

La paix intérieure incertaine,

La paix extérieure capricieusement compromise;

L'esprit de la famille nul, une religion nominale, la pudeur rare, la friponnerie pimpante, l'ardeur des intérêts tourmentant des âmes pleines de fiel et d'orgueil :

Tel est le gâchis dont le quotidien spectacle est donné au monde par la Fédération-Américaine, en attendant que sa désunion aît cette inévitable conséquence : l'alliance de chacune des nouvelles fédérations.... à inaugurer demain au Sud et au Nord.... engageant, dans les longues horreurs d'une guerre civile et sociale, d'abord comme alliées, puis comme parties principales, des puissances européennes qui rougiraient aujourd'hui que leurs sujets comprissent dans le même sens que « ces vertueux républicains modèles de l'Amérique du Nord » les questions de patriotisme, d'honneur et de délicatesse.

A Montréal et à Québec, le vieux sang français ne se dément point.

Du Mexique, tout ce que l'on sait certainement, ce sont les appétences qu'il irrite chez des voisins peu scrupuleux pour qui le juste c'est l'utile, ses révolutions plus nombreuses que les années, sa guerre des castes continue et acharnée, ses guerres civiles où le poignard fait plus de victimes que le mousquet, son exténuation par les exactions anarchiques, ses détournements des caisses publiques, ses détroussements du commerce étranger, ses petits dictateurs au-dessous de leur vanité, sa dissolution impossible à conjurer, son fédéralisme achevant une désorganisation universelle, enfin la parodie de la république que des démons renouvellent en d'autres temps et d'autres lieux.

Les Etats centro-américains se ressentent également des émotions politiques et des ébranlements souterrains du Mexique : dans les cinq petites républiques, la fraternité traduit pareillement ses théories à coups de fusil en des drames à faire frémir les philanthropes à l'image des clubistes de.... 93 et les dilettanti du « boulevard du crime. » Toutefois, la neutralité de ces Etats est reconnue : ces tapis-francs de la guerre intestine ont même acquitté les frais d'enregistrement de leur acte de notoriété par une cession particulière du droit au transit interocéanique par l'isthme de Panama, pour les citoyens des Etats-Unis. Ballottée aujourd'hui entre des influences contraires, l'Amérique centrale deviendra le théâtre désolé de sanglantes querelles ou la proie prochaine d'une fédération qui s'habitue à embrasser, occuper, s'assimiler les territoires qui lui conviennent Nous dirons bientôt : « Jonathan et John-Bul », comme on disait autrefois : « Cartouche et Mandrin » ; mais les premiers valent bien encore la corde. Les complications de l'Europe sont des fléaux pour l'humanité : excepté la France, quelle puissance aujourd'hui se préoccupe sérieusement de protéger l'Amérique centrale ?

Le mélange d'insurrection et de despotisme qui a marqué le régime de Venezuela n'a pas fini avec l'éclipse des dictateurs Monagas et l'apparition de forces navales de la France se chargeant de toucher humainement la question de droit d'asile afférent à nos consulats dans les contrées dont les destinées sont si changeantes : il y a eu entr'acte

de lassitude ; après , la perturbation périodique a repris
son train.

Plus spécialement placé sous la protection de l'Europe ,
le Gouvernement néo-grenadin a dû mollir dans ses relations avec le président Buchanan, que les communications
entre les deux Océans affriandent plus que les richesses
d'une contrée riche de mines d'émeraudes et d'argent , et
de cent millions d'hectares de terres vagues qui n'attendent que la culture. Mais cette contrée inspire-t-elle
confiance par sa paix, par son travail, par une administration régulière, par la sécurité garantie à tous les intérêts ?
Hélas ! non : comme dans la république démocratique de
l'Equateur , la vie politique s'y traîne bassement, entre le
tumulte et l'inaction, entre une convulsion et une torpeur
inouïe, puérilement anarchique, matériellement station-
naire, sujette à mille changements dont le terme inconnu
voile, obscurcit l'avenir de l'Amérique du Sud, où le
bienfait de l'affranchissement n'est pour les derniers Indiens qu'une aggravation de misères.

La même maladie, sous des noms différents , affecte la
Bolivie.

> « Enfin , si je faisais une liste fidèle
> « Des maîtres qu'en trente ans a subis le Pérou ,
> « Ce serait une kyrielle
> « Dont nous ne verrions pas le bout ! »

Ces excès violents des partis et ces mobilités illimitées
du pouvoir sont évités au Chili, qui aime à passer pour le
pays relativement le plus civilisé du continent sud-améri-
cain, et à qui, en réalité, échet un rôle à part assorti à la
bonne renommée dont il jouit en Europe. En sauvegar-
dant la paix par des élections équivoques, où, à peu près
comme à Londres et à Boston, le vote se paye une once

d'or, soit 93 francs, le Gouvernement conserve sinon le cœur du moins le vêtement officiel de la population : il a conclu un emprunt en Europe ; il a donné un grand développement aux travaux publics ; il a établi une ligne de télégraphie électrique ; il a accru le mouvement commercial de Valparaiso, ce centre actif d'affaires dans lesquelles le chiffre des importations françaises entre annuellement pour 5 millions de piastres.

La vie politique a plus de faiblesses, plus de crises, plus de confusions, plus de conflits, plus de guerres civiles dans les Etats de la Plata, où les Indiens sauvages entretiennent une autre guerre d'extermination qui oblige à l'entretien d'une petite armée Buénos-Ayres, où la France a des intérêts considérables mieux respectés quand la fièvre jaune vient calmer la fièvre des partis cherchant dans les conspirations la vengeance d'une déroute plus ou moins légale.

L'on ferait une histoire volumineuse des négociations, véritables toiles de Pénélope qui, dans les Etats de la Plata, usent la patience des agents diplomatiques témoins des affligeantes agitations de républiques envieuses pour lesquelles le Ciel fait tant et l'homme si peu !

La paix matérielle règne dans l'Empire du Brésil. L'Empereur y suit une pensée fixe avec une persévérance qui ne se fatigue point : Dom Pedro ne répudie point le projet d'être au Sud ce que les Etats-Unis sont au Nord ; et tout le favorise : l'équilibre du budget, la solution de différends délicats avec la France et l'Angleterre, la civilisation des Indiens préparée avec des chances de succès, la mise en œuvre d'une bonne administration dans un pays où tout est en germe, même le travail.

Haïti, où la marine impériale a imposé plus d'une « Trêve de Dieu », se débat, au Port-au-Prince , sous les exagérations.... africaines du régime terroriste; — à Santiago, sous le gouvernement du sabre; — à Cibao, dans les alertes trimestrielles d'un *pronunciamento* de la vile multitude. Ces fureurs ont pour appréciateurs fort attentifs des citoyens des Etats-Unis dont le drapeau fédéral se déferle, sans vergogne, sur l'île de Navaze... mine de... guano. Haïti, c'est le bagne ayant bras et pieds libres pour une orgie sans répit et sans terme fixé ; c'est la traduction, par la race noire, des maximes des négrophiles et de saint Robespierre s'exclamant : « Périssent les colonies plutôt qu'un principe ! » c'est le théâtre des plus exécrables bigarrures de l'entendement humain.... « O liberté ! que de crimes l'on commet en ton nom !.... », s'écria, un jour, Mme Roland, marquant sur l'échafaud révolutionnaire son dernier pas vers l'immortalité.

Après cette énumération sommaire des parties du nouveau monde qui touchent à nos grandes affaires du temps présent, énumération entreprise, non pour détailler les services illustres que la France Napoléonienne a rendus à chacune d'elles , mais pour prouver que chaque Etat précité est notre obligé, mais pour appeler nos lecteurs à méditer sur la situation grande, paisible, forte, prospère, faite à notre pays bien-aimé par son Sauveur, et comparée rapidement avec l'instabilité ruineuse de l'Amérique centrale et de l'Amérique du Sud, toutes deux également composées d'éléments incohérents et bizarres, livrées aux perturbations les plus vulgaires, et souvent surprises par des aventuriers, il nous semble que le moment est venu de reporter vivement l'attention pour appeler d'universelles bénédictions sur le Prince destiné, dans les conseils divins, à répandré sur la France tant de trésors d'amour, de sagesse, de dévouement.

La Cochinchine est ouverte à nos armes victorieuses.

Une vengeance pieuse nous est promise en Chine : elle y sera le préliminaire de relations commerciales sûres et fructueuses dont la Russie et l'Angleterre se réservaient presque tous les avantages.

La domination française est consolidée aux îles Marquises et dans la Nouvelle-Calédonie. L'île de France, dont les sympathies nous restent toutes, frémit de joie au spectacle de l'accroissement prodigieux de la culture, des produits et du bien-être de la population de la Réunion.

Nos Antilles, et notamment la Martinique, progressent en moralité, en prospérité matérielle, en nombre d'habitants.

Notre Guyane se livre à l'exploitation de gisements aurifères d'une grande richesse, multiplie ses échanges et se prépare à l'accomplissement de desseins dont la pensée première date du Consul immortel de 1803.

Le Maroc est châtié pour sa méprise de Tétuan.

Les Beni-Snassen ont prêché d'exemple la soumission et l'acquit de la contribution de guerre qu'avaient encourue les ravageurs de nos frontières.

La Kabylie est tranquille ; elle nous estime et nous craint assez pour se montrer sage et souple.

La Perse a fait à la France l'honneur de la choisir comme champ d'étude et comme modèle pour son Ambassadeur ; une colonie studieuse installée dans l'un de nos établissements d'enseignement apprend à nos lycéens « *comment l'on peut naître Persan* » et gentil. De leur côté, les Birmans ont apporté au pied du trône de Napoléon III l'hommage d'une admiration qu'ils paraissaient exprimer en termes assez vifs pour laisser croire à leur espérance en la patrie de Suffren, Dupleix, Decaën.

L'état prospère de nos finances est devenu proverbial.

Les belles actions, les grands mérites, sont récompensés. Les honneurs environnent les dévouements illustres. Les fonctions publiques sont rémunérées moins chichement. La solde des officiers de terre et de mer est améliorée. Une auguste et constante sollicitude environne « *l'élite de la population* ». L'ordre impérial de la Légion d'honneur s'enrichit par des bienfaits envers de vieux titulaires. Des médailles honorifiques sont attribuées aux plus obscurs champions de la France dans cette armée de Crimée et d'Italie, si impétueuse en ses énergiques élans, si calme et si disciplinée après le succès de ses ouragans de valeur, si belle du sentiment de l'ordre en présence de Paris, saluant avec orgueil le *Retour* présagé par l'indescriptible enthousiasme du *Départ*.

Les landes de Gascogne sont livrées à la culture. L'enseignement agricole est répandu partout.

Un prix bisannuel de 20,000 fr. est fondé par l'Empereur en faveur du lauréat à désigner par les Sections réunies de l'Institut impérial. Les études littéraires et scientifiques, reportées à un niveau plus digne, promettent de beaux jours au génie français. Quelques œuvres remarquables d'auteurs vraiment patriotes et gens de goût sont venues distraire heureusement des impressions laissées soit par des pamphlets publiés sous le titre de *Mémoires*, soit par des critiques furibondes sans écho ailleurs que chez les Gondi de la minime *Fronde académique* : honneur à MM. Jules Sandeau, Belmontet, Émile Augier, Mongis, O. Feuillet !... Une femme à l'âme poétique, Mlle Ernestine Drouet, est couronnée pour avoir, en des vers quasi-divins, célébré l'abnégation stoïque de la *Sœur de charité*, avec l'accent vrai d'une personne capable d'en pratiquer les héroïques vertus.

La reconstruction de Paris agrandi offrira le plus merveilleux encadrement au Louvre, devenu le palais de l'univers. De nombreux travaux d'art s'exécutent avec magnificence. Chacun de nos bourgs a son trophée. Les fusions des chemins de fer en préparent le retour entre les mains de l'État. Un système complet de navigation transatlantique est coordonné pour servir à la fois les intérêts du commerce et les progrès de notre influence politique. Les priviléges de la banque sont justifiés.

Une majorité des 9/10es échet, dans les élections, au Gouvernement contre lequel un journal, longtemps vénal et gérinant, prête son appui royaliste à des candidatures démagogiques (1) : la nation entière est entraînée dans le courant de l'Empire. Les essais de retour à une polémique insolente et dévergondée étaient condamnés dans la conscience du pays, avant même qu'un ministre courageux eût dit : « Halte ! » à des personnalités téméraires jusqu'à contester les sentiments, les impressions, la vie intime des populations reconnaissantes.

La prépondérance du Cabinet des Tuileries est acceptée dans des négociations auxquelles Sa Majesté prend notoirement, de sa personne, une grande et noble part ; les voyages de Napoléon III sont autant de triomphes d'une âme chevaleresque qui peut rassurer ses alliés effrayés mal à propos, sans être suspectée de faiblesse, puisque l'unique tort de l'Empereur des Français tient à l'idée qu'on se fait de sa puissance. Avant le 15 août 1859, les personnages les plus illustres aimaient surtout, dans les fêtes du Château, à contempler le Monarque courtois, gracieux, sachant se baisser sans cesser de paraître grand ;

(1) « *Omnia in partem Cæsaris cecidere.* »

aujourd'hui, les visiteurs princiers cherchent le Général en chef de Magenta, vainqueur de tous et se vainquant lui-même, sous les traits calmes du père de la patrie, qui, d'un trait de plume, avec un cachet ineffable de force et de grandeur, a signé le couronnement de ses victoires dans un décret d'amnistie.

« L'échelle mobile » est rétablie. L'exportation de nos produits est affranchie de certaines formalités qui l'entravaient… (paraît-il?) et le libéralisme des dispositions nouvelles va jusqu'à troubler les ressources ordinaires de l'alimentation des classes laborieuses… c'est beaucoup ! Quelques restrictions, au contraire, ont été remises en vigueur qui réduisent énormément le chiffre de l'importation de diverses matières ouvrées. L'opinion des prohibitionnistes a prévalu dans les Conseils d'arrondissement, dans les Conseils généraux, dans les Grands Corps de l'État; ses adversaires ont évidemment perdu du terrain… là du moins; mais le Gouvernement poursuit, avec le même zèle, ses recherches en vue du bien-être des classes intermédiaires et des classes inférieures.

Toutes les souffrances sont soulagées. La vieillesse et l'enfance sont protégées et secourues : l'auteur de grandes œuvres qui occupent tant de bras connaît le langage qui va le mieux au cœur de l'ouvrier honnête. Comme les révolutions, les fleuves seront bientôt contraints de rester dans leur lit. Le service international des postes et des chemins de fer a été réglé par des conventions spéciales. Le remaniement de nos grandes voies de communication et de nos chemins vicinaux est mis en train sur une grande échelle. Le commerce, la tranquillité intérieure, l'agriculture, l'extension de l'organisation civile, relèvent en Algérie la splendeur de ce fleuron de la Couronne impériale. L'Afrique centrale est le sommet d'un triangle dont notre marine forme la base entre Alger et Saint-Louis du

Sénégal. Cette dernière colonie, sous la direction très éclairée, active et vigilante de M. le colonel Faidherbe, jamais las de prodiges de vaillance et de fermeté, attire la vive sollicitude de la métropole, par le développement considérable acquis à son importance politique, aux richesses naturelles qu'elle renferme, à un avenir commercial mieux compris, depuis que la navigation du fleuve est mise à l'abri des brigandages des Maures nomades.

Quand on songe que tous ces éléments de félicité publique sont appréciés même dans chaque commune villageoise, émue de l'intérêt dont l'Empereur entoure les classes rurales, est-ce flatter Napoléon III que de rendre simplement justice à des bienfaits, à des services, à des actions qu'on honorerait ailleurs que dans Sa Majesté; que de La montrer à l'univers sûre de cette satisfaction de la France, qui, selon S. Exc. M. Troplong, est une garantie de la paix du monde ? N'est-ce pas ajouter de nouveaux motifs de confiance en cette garantie, que de rappeler à nos amis et à nos ennemis secrets que la force de cette armée, dont nous trouvions tout à l'heure l'éloge dans notre cœur, est décuplée par une récente révélation que toutes les aptitudes réclamées pour l'unité du commandement se réunissent à un degré éminent dans notre

> Charlemagne… à cheval, Bonaparte… au conseil ;
> Qui des Français charmés secondait le réveil,

allant, volant, s'élançant au plus fort de la bataille, écartant le péril et épouvantant la mort même, par un excès d'audace ? N'est-ce pas traduire fidèlement la pensée de la France électorale, que de punir enfin l'ironie de têtes à tableaux, en les contraignant à reconnaître les fruits de la politique nationale et droite sortant plus éclatante de chaque série des plus irritants débats, dans l'autorité qu'obtiennent manifestement les conseils ·d'un Prince laissant descendre son énergie aux plus délicats ménagements de la modération ; dans la tolérance des discussions élevées qui n'ont rien de commun avec l'opposition systématique de vanités blessées, les calculs malveillants d'importances déçues, les coupables excitations d'ambitions découronnées se retranchant en vain dans un dédain affecté pour leurs contemporains contre le mépris et le dégoût que leur promet l'histoire ? N'est-ce pas combattre pour la vérité contre le mensonge, pour le bon sens contre la sottise, pour la France contre des ingrats dont le machiavélisme entretient les dernières alarmes des nations voisines, que de répandre cette conviction : *L'Empire, c'est la paix !* puisqu'il n'existe dans les deux mondes qu'une seule nation pour laquelle toute dissension entre les grandes puissances de l'Europe devienne une bonne fortune, en lui offrant un débouché pour des produits spéciaux, des occasions de bénéfices pour ses capitaux, un champ plus libre pour des projets d'annexions souvent ajournés, jamais abandonnés ? Quand la cause de la civilisation encourt la moindre chance d'être compromise, n'est-ce point le plus merveilleux stimulant pour les amis de l'humanité et les talents chez qui la sève vient du cœur, de servir cette noble cause en écartant tout ce qui ferait obstacle à son triomphe : l'absolu dans les passions des hommes ou des gouvernements, le fanatisme du droit, la superstition du fait, le misérable entêtement à ne rien oublier, la brutale irrévérence envers le passé, la rage de mériter le vieil anathème de Galgacus (1) : *Quod pacem appellant, solitudinem faciunt*, la fatale réminiscence de l'orgueil sauvage qui inspira le mot atroce : « Nous vous avons promis le bonheur de Sparte et non pas celui de

____

(1) Tacite dit : « ... *Atque ubi solitudinem faciunt pacem appellant...* »

Persépolis?... » Oui, la paix est la nécessité du moment, et Dieu la veut.

Dieu la commande à la France, à qui, durant la paix, restent l'empire du goût, le privilége de consacrer les réputations visant à la renommée, le pouvoir de transformer complétement la capitale en un temple des arts, paradis terrestre des plus nobles cœurs et des plus hautes intelligences de l'univers, objet des rêves des princes de la science, des artistes de génie, des fées inconsolables parce qu'elles n'y sont plus... « *quia non... adsunt.* » Et qu'irions-nous faire à Londres ?... voir des Anglais ?... Il y en a cent mille à Paris !

Dieu commande la paix à l'Angleterre, à qui « la folie de ses défenses » coûte si cher, à qui la guerre imposerait l'obligation d'emprunter de nouveau des milliards aux descendants de ces mêmes prêteurs à qui Pitt, en deux mois, donnait cent millions à dévorer (1). Et pourquoi ? Pour brûler ou Saint-Malo ou La Rochelle? Et après...?

Dieu commande la paix à la Russie, pour dépouiller le vieil homme ; à la Prusse, pour fertiliser ses campagnes, derniers asiles d'une foi chrétienne, que des demi-philosophes menacent d'éteindre ; à la Confédération-Germanique, pour qu'elle ne se laisse point absorber pour jamais ; à la Hollande, pour la conservation de ses colonies ; à la Belgique, pour qu'elle ne soit point broyée ; à l'Espagne, pour reprendre son rang historique ; à la Sardaigne, pour justifier sa fortune ; à la Lombardie sans bois, sans houille, sans travail, pour cicatriser ses plaies ; à l'Italie centrale, pour acquérir des mœurs viriles qui fassent moins d'avocats et plus de soldats ; aux Deux-Siciles, pour mettre un terme au régime de la bastonnade et des coups de couteau ; à Rome, pour fournir au Saint-Père le prétexte de conces-

(1) M. Thiers, *Histoire du Consulat et de l'Empire.*

sions dont l'époque indique la nature à sa charité de Souverain-Pontife ; à l'Autriche, pour rétablir l'équilibre de ses budgets, le moral de ses armées, l'homogénéité des nationalités inquiètes et irritées, la suprématie fort contestée de l'Empire, la pureté de son administration, l'antique discipline dans ses colonies militaires adonnées çà et là à un genre de guerres par trop primitif.

Dieu commande la paix aux Serbes, aux Roumains, à la Grèce, jusqu'à l'heure marquée pour leur régénération ; aux Monténégrins, pour mériter, par l'adoucissement du caractère national, une place au soleil sur un sol moins ingrat ; au Sultan, pour mourir avec tous les titres mensongers laissés au dernier échevin musulman de Constantinople ; au Pacha d'Égypte, pour constituer sa famille la gardienne de la sûreté publique sur les rives du futur Canal de l'Isthme de Suez.

Dieu commande la paix à l'Europe entière conviée à initier cinq cent millions d'Africains, d'Américains, d'Asiatiques, aux bienfaits de la civilisation.

Et l'Empereur, le Victorieux, le Pacifique, en souriant à son fils le futur Empereur de nos enfants, se promet... sans doute... que l'exemple de sa vie n'infirmera aucunement les *conseils* que Sa Majesté léguera à l'héritier de la couronne ?

L'Empereur n'a été soldat que par raison, et point par goût ou par système.

L'Empereur est estimé fort riche du genre de gloire qui sied le mieux au chef d'une nation telle que la nôtre.

L'Empereur a de sublimes tendresses de famille qui conjurent la possibilité d'une politique ou trop immuable, ou trop aventurière, ou trop changeante.

Second fondateur d'une dynastie dont la consolidation a la majesté du plus beau phénomène, l'Empereur, transigeant avec le temps dans les limites de la prudence et de

la générosité, a modifié les institutions de l'Empire premier dans un sens qui laisse beaucoup plus (d'autres di-
sent : « beaucoup trop ! ») de liberté, dans une situation
plus difficile, à des adversaires riches, habiles, fort en-
tourés, jamais résignés, bardés de haine, ardents à la re-
cherche d'une faute qu'ils tympaniseraient, à l'affût d'un
échec qu'ils exploiteraient. Auguste représentant d'intérêts dont l'immensité appuie sur la chose publique, l'Empereur sait que le commerce, l'industrie, la science, —
loin d'aimer et de désirer la guerre, — inclinent, même
« sans défaillances intéressées », à aimer, vouloir, conspi-
rer la paix.

Le Bourbon n'est pas entièrement oublié : les dévots de
la légitimité députent vers lui des pèlerins à gages ; la
maison d'Orléans est fort connue pour l'inaltérable gra-
cieuseté de tous ses membres ; les républicains demeurent
sujets à des bouffées de jactance ; tout invite le Conseil-
privé à ne point tenter la fortune jusqu'ici bien fidèle.

La France a eu, dans les dernières guerres, une part de
gloire bien grande, la plus grande... comme ses sacrifices,
et pourtant, l'Empire abonde en ressources matérielles
immenses qui doivent être prises en grande considération
chez les ministres d'une puissance désireuse (dit-on) de
transformer le Congrès futur en une sorte de lit de justice
chargé d'enregistrer les volontés d'un Ambassadeur devant
l'Autriche muette, la Russie inclinée, la France mise au
défi. Nous n'avons donc rien à redouter des prétendus
présages d'une pareille éventualité qui nous déterminerait
à retremper dans les combats notre grandeur.

A l'heure où nous écrivons cette page (1), l'armée française ne brûle pas une seule cartouche ; et, si notre marine s'interpose quelque part, c'est comme juge du camp,

(1) Le 20 décembre 1859.

comme médiatrice bienveillante, impartiale, humaine…
avant tout, envers la race hispano-américaine; personne
n'oserait affirmer que l'Italie s'agitera, qu'un excès d'ambition d'agrandissement fera choir la Sardaigne au rang
de préfecture britannique, que le Congrès ne pourra pas
s'entendre, que le protestantisme aspire à la suppression
du pouvoir temporel du Très-Saint-Père : gardons-nous
donc de contribuer à accréditer les pauvres déclamations
de prophètes malavisés du désordre. Ne nous laissons
point alarmer aux vains propos d'hommes manqués, trop
superbes et trop outrés des existences supérieures pour
juger rien qu'à travers les lueurs infidèles de leur désap-
pointement tintamarrant; sous un Souverain qui, en quelque dessein qu'il s'engage, au moment même où l'on croi-
rait surprendre sa prévoyance, a préparé les événements
au lieu de les attendre, — sous un gouvernement dans lequel la diplomatie tient la place due à son activité, à son
application, à son instruction, à sa discrétion, à son habileté, à son universalité, à son influence, — pensons haut
qu'aucune guerre ne saurait être résolue que sur des motifs bien sérieux et conçue que dans un intérêt français,
dans l'intérêt de la puissance et de la sûreté du pays. Or,
nous le demandons de la manière la plus pressante à nos
augures du grand format, où ces motifs se font-ils entre-
voir, se laissent-ils soupçonner ? où perçoivent-ils cet
intérêt touchant pour la « raison d'État », unique fond de
la politique de Napoléon III ?…

Nous savons bien qu'il y a dans certain demi-monde de
nouvellistes, un publicateur parisien de correspondances
autographiées pour la province, qui est à M. de Girardin
l'homme aux pamphlets ce qu'est à un vrai *sportman* le col-
lecteur de ses bouts de cigares; esprit et cœur faux, ce
Triboulet populaire se moque des oracles de son parti, de
leur public, de ses lecteurs et de lui-même; pleurnicheur

singulier, il vise au rôle d'insulteur de carrefour; il se pose, sur un amas de lâches équivoques, en vivant anathème de la Dynastie Napoléonienne; cet homme-là essayerait bien de répondre aux questions précédentes; mais si Polichinelle a une voix, Polichinelle n'a pas d'âme, et voilà précisément pourquoi les Zoïles politiques sont si peu écoutés !

Il y a trente ans aujourd'hui que nous appelions l'attention du pays sur les questions envisagées, dans une brochure risquée hier, avec la verve d'un brillant sophiste. Pendant six lustres témoins de quelques désastreux effets du crédit qu'il avait surpris, l'artiste en périodes en a souvent accommodé le canevas au goût d'opinions éphémères et d'oppositions bien diverses : l'appétit d'une popularité facile a ses monomanes. Nous, pas plus qu'en 1829, nous ne sentons aucun besoin ou d'altérer ou de dissimuler notre pensée, parce que, si notre influence personnelle est petite, la vérité pour laquelle notre vie fut un combat, éclaire nos pas certains dans les rangs du grand parti impérialiste auquel nous appartenons de naissance, par l'éducation, par un dévouement qui ne marchande jamais, par notre conviction que la politique de Napoléon III est toujours et absolument celle de Louis XIV depuis 1665 jusqu'à la bataille de Denain. Et certes, l'écrivain qui cherche à rapetisser cette politique, eût-il le renom de Pascal, que nous lui dirions : « Vous vous trompez, Monsieur ! » et nous userions heureusement d'un beau droit, car cette politique qu'on dénigre, qu'on accuse, qu'on voudrait ridiculiser parce qu'elle ne sert les projets ni de Kossuth ni de Garibaldi, c'est la sagesse même, tantôt expectante, tantôt active, ne voulant rien de trop, ne laissant à la fortune rien de ce qu'on peut honorablement lui ravir, posant fermement ses conditions, mêlée dans tout fait culminant, ne s'effaçant nulle part, s'appuyant sur le principe des nationalités qui doit nous rendre… demain, peut-être ?,.. nos avant-postes *sur* les Alpes, au delà du Var, du Rhin moyen, de la Moselle, de la Meuse…, à quel prix ? par quels moyens ?… au prix de la paix accordée et maintenue par cette force même à laquelle rien ne pourrait résister, par les progrès d'une civilisation que M. de Girardin célèbre et voudrait faire marcher à rebours, à la conquête d'un désarmement universel payé préalablement du sang de deux millions d'hommes… pour empourprailler le Bernardin de Saint-Pierre déifié chez MM. Lévy frères.

Trève d'arguties ! arrière les phrases captieuses et les mots qui éblouissent !

Il n'y a rien d'absolu sous le ciel, pas même dans le théorème le mieux démontré ; qui dit : axiôme, dit : borne convenue de notre intelligence ; la vérité qui n'a qu'une face devant nous, c'est le désert sans borne illuminé d'un soleil infini ; baissons la tête, Dieu est là ! L'homme n'est cependant condamné à aucun choix contraire à la lumière qu'il porte en lui, rayon éteint de la grandeur adamique ; il trouve, entre *l'impuissance* et *l'inconséquence*, la route droite, la route de la justice, la route où il marche d'un pas sûr, tant qu'il garde la conscience qu'il fait bien : « *Quod feci, bonum est.* » Les gouvernements qui s'appliquent cette même règle n'ont point à craindre de greffer *l'inégalité sur l'iniquité ;* qui fait tout ce qu'il peut, fait tout ce qu'il doit. Que telle forme de gouvernement ait acquis plus de sympathies, qu'elles soient raisonnables, qu'en ce point un droit… relatif vous apparaisse ; qu'est-ce à dire pour le genre humain qui n'adore point en vous son maître, le gendarme des idées universelles ? Le rôle que vous imaginez est vieux ; Attila, le fléau de Dieu, *a châtié les gouvernements coupables,* mais non *sans punir les peuples innocents;* ce secret reste à trouver. Le droit de la conquête n'est pas gros de la politique qui consiste à conquérir toujours pour finir comme le torrent dont les derniers filets s'ensablent obscurément; le droit des nationalités, supposé immuable, constituerait un démenti à l'historique revivification de l'humanité par la transfusion du sang jeune de races nouvelles dans les veines des peuples vieillis; la conquête s'explique par le gouvernement temporel de la Providence transférant à d'autres nations les biens dont il avait disposé pour ses favoris selon le monde, et laissant à leurs nouveaux possesseurs le temps et les moyens de se faire bénir par les vaincus dont la reconnaissance est la consécration du vainqueur. *La logique la plus évidente* a la vue basse; mettre « la Providence divine hors de cause », c'est abriter la folie de l'orgueil dans un cabanon plus ou moins doré. *Une foi nouvelle* de certaine fabrique, *un droit nouveau* placardé sur l'ancienne table « des droits de l'homme », pourraient créer des périls; ne criez pas au feu! l'on ne voit de fumée que celle de votre cerveau. *Qu'y a-t-il de faux, qu'y a-t-il de vrai,* dans certains bruits publics ?.... Mais, auguste instructeur des rois, c'est ce que nous allions vous demander; nous attendions vos éclaircissements pour acheter un petit coupon de rente 3 pour 100 et pour bâcler un article dans... un journal véridique. Votre silence nous fait rire intérieurement de la vivacité avec laquelle vous mal-jugez *extérieurement* la France; mais, de grâce, expliquez-vous et parlez clair, car, si ce que vous dites de Napoléon Ier sent le volontaire royaliste, ce que vous chuchottez sur l'Empire nouveau « renfermé, arrêté, reportant tout à soi », nous semble faux et entaché de l'idolâtrie des vieux partis qui espéraient que la guerre d'Italie contraindrait Napoléon III à un pacte avec

la révolution,.... pacte possible, mais seulement après la
perte de dix grandes batailles rangées :

> « Attendez-*nous* sous l'orme...
> « Vous *m*'attendrez longtemps.

Est-il donc difficile de trouver un biais, de terminer, en
l'éventrant, la question de la Turquie ; de désintéresser
la Prusse et la Bavière de l'abandon de certains enclaves ;
d'arrêter les manœuvres de l'Autriche comminatoires pour
l'Italie confédérée et paisible ; d'attraire la Russie dans
notre alliance et de nous l'associer en nos entreprises dans
l'Indo-Chine ; de contenir l'Angleterre en méprisant ses
injures, en l'enchaînant dans la solidarité de nos prospé-
rités, sans la menacer de strangulation en Asie, au gré de
perturbateurs qui invoquent inutilement son appui, l'appui d'une nation aristocratique, pour égorger le dernier
des gentilshommes et le dernier des prêtres ?... Non, sans
doute ; et ceux qui affirment le contraire, qui crient : « *Le
droit à la mer !* » ont dans leur entourage bien des gars à
jeter par-dessus le bord. Le monde ne vit point d'utopies,
mais d'idées pratiques, d'idées mûries auxquelles ne
manque jamais un traducteur en faits, qui *entre la conquête
et la liberté* trouve place pour la justice distributive ;
l'heure de cette justice viendra, les *détroits* ne font point
obstacle à l'avénement *des plus capables* ; et ce *servage militaire*, dont vous dissimulez les grandeurs, éteindra *les in-
cendies* des parodistes minuscules de Catilina.

L'Empereur est exempt de regrets.

La Russie nous est revenue.

La Prusse est guérie de ses accès de fièvre.... belli-
queuse et autocratique.

L'Autriche nous voit sans haine.

L'Angleterre s'avoue les douceurs de l'alliance de la France.

Les États-Unis méditent la gravité des complications qu'ils susciteraient.

La Chine verra ses remparts crouler sous les coups de bélier de la civilisation.

L'Inde rentrera dans l'ordre chrétiennement garanti.

Que sert d'inventer des recours à des chimères comme garanties d'une paix qui découle naturellement de la réunion d'un Congrès dominé par les intérêts, par les sentiments, par la volonté comme par la pudeur des nations européennes ? Pour ceux qui ne comprennent pas un pareil moment, le nom de *l'imprévu*, ce sera honte : car les populations qui ont en horreur l'agitation fébrile cherchée par des semeurs de pitoyables paradoxes, auront acquis de nouveaux moyens de développer « *la saine et féconde activité des esprits et des bras* ». Il ne faut pas d'ailleurs, quand on veut propager une superstition en une individualité, à tort ou à raison, réputée éminente, faire montre desdites chimères sous un paradoxe ridicule par excès de clinquant.

En disant que « l'Europe croupit », l'on avoue une ambition immense, l'on explique trop cyniquement des colères sans fin, une haine féroce, une vengeance pressée de s'assouvir.

En déclarant que « le maître du présent est maître de l'avenir », l'on supprime simplement « Dieu »; et cette suppression accroît « le trouble et l'incertitude ».

Tout gouvernant a « un but et le *poursuit !* » Napoléon Ier fut le plus grand homme de son temps; le roi Louis XVIII était doué d'une fine compréhension; son successeur joignait une rare bonté d'âme aux plus délicates qualités de l'esprit d'un parfait gentilhomme; Louis-Philippe unissait à un grand courage personnel une entente perspicace des affaires, un amour vrai du pays, le sentiment des arts, une pitié profonde pour les infortunes imméritées, les vertus du plus honnête bourgeois. « Pour gouverner, que leur fallait-il ? » Ce que les circonstances leur ont enlevé impitoyablement : — la non-exagération du principe de leur gouvernement ; cette modération de Napoléon III, pour qui toute question renferme et produit *illicò* sa solution ; cette modération que ses ennemis, ses admirateurs secrets, ses censeurs... d'infime métier, accusent d'illogisme ! La république avait étendu indéfiniment sur les classes laborieuses les mailles du réseau de la misère, mailles de fer, mailles d'humiliation ; l'Empire a brisé ce réseau. L'épargne des classes intermédiaires était épuisée ; l'Empire leur a rendu l'aisance. Le travail était nul, l'ouvrier sans un maravédis, les enfants criaient : « *J'ai faim !* » ; l'enfance joue dans les salles d'asile, nos tisseurs chantent, le salaire est honnête. Les travaux publics étaient désorganisés, interrompus ; partout leur mise en train publie la richesse publique et la gloire du plus infatigable des bâtisseurs couronnés. Vous parlez *d'esclavage militaire*, et vous ne rougissez pas ?... Oh ! non ; ...vous êtes de ces cagots de l'ochlocratie qui exècrent, maudissent, vilipendent, calomnient l'armée, qui préconisent la sagesse des clubs, le règne des piques, un État sans impôts, le mariage sans consécration, la famille sans liens, l'homme *divinisé* par l'abomination la plus crapuleusement exagérée des désordres de *l'Enfant prodigue* ; mais qu'importe l'opinion de vos pareils ? Il est des animadversions qu'on agrée comme des titres d'honneur : les monstres ne reproduisent point : aujourd'hui, demain, toujours, l'armée de Crimée et d'Italie restera grande, admirée, la pépinière des héros, l'école des grands hommes. Vous ne la découronnerez point. Vos mains fratricides ne décapiteront plus la gloire. Vous vous êtes dits les juges de

tout homme, de toute réputation, de toute autorité; su-
bissez la loi que vous avez faite et trop voulue : chacun à
son tour vous a jugés patriotes indignes, mauvais citoyens, ambitieux sans prétexte, Alcibiades de ronds-
points de piètres intrigues, Catons rabougris au soleil de
gaz de l'Opéra. Vos élucubrations en prose valent d'autres
turlupinades en vers ; toutes ont un seul mérite : — celui
de prouver l'excessive tolérance des discussions témoignée
par le Gouvernement, même à votre endroit si suspect.
Cependant, pensez-y bien, du jour où vous agirez consé-
quemment avec cette assertion insolente que « *la révolution doit faire la besogne de l'Empire* », le doigt vengeur de
la France que vous outragez vous touchera, la main du
grand Dieu que vous niez vous saisira,... et l'univers,
enfin satisfait d'un triomphe de la justice, mêlera ses cris
d'admiration à notre hymne d'amour et d'espérance :
« *Vive l'Empereur !* »

1687 — Paris, Imprimerie de Ch. Jouaust, 338, r. S.-Honoré.